# LE SAHARA

## SOL, PRODUCTIONS ET HABITANTS

ARABE

BIBLIOTHÈQUE
DES
LECTURES INTÉRESSANTES.

Raoul POSTEL

LE SAHARA
SOL, PRODUCTIONS
ET
HABITANTS

PARIS
LIBRAIRIE GÉNÉRALE DE VULGARISATION
A. DEGORCE-CADOT

# BIBLIOTHEQUE DE VULGARISATION

Chaque ouvrage est complet en 1 v. gr. in-16 de 320 à 360 pag.
Broché : 2 fr. 50; cartonné à l'anglaise : 4 fr.
*Avec titre et tranches dorées, 2 fr. 50.*

## ONT PARU :

### AD. DE FONTPERTUIS

1° **Chine, Japon, Siam et Cambodge,** avec gravures dans le texte.

—

### G. BUREAU

Ingénieur civil, Inspecteur de la Compagnie des chemins de fer de l'Ouest.

2° **La Vapeur,** *ses principales applications.* — **Voies ferrées,** — **Navigation,** avec 48 gravures dans le texte.

—

### ALEXIS CLERC

3° **Voyage au Pays du Pétrole.**

—

### ÉDOUARD CAT

Professeur agrégé d'histoire et de géographie.

4° **Les grandes Découvertes maritimes du XIII° au XVI° siècle,** avec gravures dans le texte.

—

### J.-E. ALAUX

Docteur ès lettres, agrégé de philosophie.

5° **Histoire de la Philosophie.**

—

### PAUL GAFFAREL

Doyen de la Faculté des Lettres de Dijon.

6° **Les Explorations françaises de 1870 à 1881,** avec gravures dans le texte et six cartes géographiques.

*(A obtenu le prix Jomard.)*

### JEAN LAROCQUE

7° **L'Angleterre et le Peuple anglais,** avec une carte d'Angleterre.

—

### ADRIEN DESPREZ

8° **La Politique féminine,** de Marie de Médicis à Marie-Antoinette. 1610-1792.

—

### MAURISSE PÉLISSON

Agrégé des lettres.

9° **Les Romains au temps de Pline le Jeune.** — Leur vie privée.

—

### A. DE MONTPERTUIS

10° **Les États latins de l'Amérique.**

—

### HUGONNET

11° **La Grèce nouvelle.**
*L'Hellénisme,* son évolution et son avenir.

—

### D^r CAMILLE GROLLET

12° **L'Électricité,** — *ses principales applications,* — avec nombreuses gravures.

—

### M^me RATAZZI

13° **Le Portugal à vol d'oiseau.**

—

### RAOUL POSTEL

14° **L'Extrême-Orient.**
*Cochinchine, Annam, Tonkin,* — avec gravures dans le texte.

LA COLLECTION S'AUGMENTE ANNUELLEMENT D'UN OU DEUX VOLUMES
*Envoi franco.*

# LE SAHARA

## I

**De la Méditerranée au Sahara.**

L'Algérie, comme on le sait, limite au sud la partie occidentale du bassin de la Méditerranée. Prise dans son ensemble, elle forme un plateau médian supporté au nord et au sud par des bourrelets montagneux. Le bourrelet septentrional, très épais, coupé de vallées et de plaines, constitue la région du *Tell*. Au revers du bourrelet sud s'étend le *Sahara*. Entre le Sahara et le Tell s'allonge de l'ouest à l'est, sur une altitude moyenne de 700 mètres à 1,100 mètres, le dos de pays qui porte le nom de *Hauts-Plateaux*. Toutefois, les Hauts-Plateaux n'existent pas dans toute la largeur de l'Algérie ;

nettement indiqués à l'ouest et au centre, ils disparaissent à l'est; dans la province de Constantine, on passe directement du Tell dans le Sahara.

Le Tell se partage en plusieurs sous-régions, présentant chacune des caractères bien distincts : la région littorale, à climat chaud et humide, où se trouvent Alger et les autres villes de la côte; la région des plaines, à climat chaud et sec, dont on trouve le type tout près d'Alger, à Blidah; la région montagneuse, dont le climat est tempéré, excepté en cas de siroco. Le Tell est la région fertile par excellence de l'Algérie; les plaines y offrent une grande épaisseur de terre végétale et produisent en abondance les céréales. On y obtient en quantité des oliviers, des orangers, des citronniers, de la vigne. Le principal obstacle à la prospérité agricole est le régime défectueux des eaux : les pluies y sont relativement abondantes, mais torrentielles et concentrées sur un petit nombre de jours; les rivières débordent en hiver et sont à sec en été. On lutte contre la sécheresse en établissant des barrages-réservoirs, pour lesquels, du reste, on en est encore à chercher un bon procédé de dévasement.

C'est dans le Tell que s'est installée presque toute la population coloniale; les indigènes qui s'y rencontrent, — Berbères dans les montagnes, Arabes et Berbères mêlés dans les plaines, — sont des agriculteurs et des sédentaires. Ils fournissent la plus grande partie de la main-d'œuvre pour l'industrie et l'agriculture, même européennes.

Les Hauts-Plateaux sont de véritables steppes; peu ou pas de cours d'eau, mais des *chotts* et des *sebkhas*, sortes de lacs intermittents. La végétation, abondante dans la saison pluvieuse, permet d'y élever de grands troupeaux. Sur ces plateaux, surtout dans l'ouest, croît l'alfa, dont l'exploitation attire des habitants européens et donne lieu à la création de voies ferrées spéciales. Il y a eu, dans l'antiquité, sur la limite des Plateaux et du Tell, de vastes forêts : le déboisement a amené la détérioration du régime des eaux; le reboisement doit y remédier.

Le Sahara algérien, longtemps considéré comme un pays impossible à utiliser, est devenu aujourd'hui le sujet d'espérances à coup sûr exagérées. Il est impossible, en effet, d'y installer une population européenne, difficile d'y établir de grandes voies de communication. Les habitants, sédentaires dans les oasis et les *ksours*, nomades ailleurs, sont clairsemés et subsistent péniblement. L'influence de la civilisation peut, cependant, produire et a déjà produit des améliorations. Les forages des puits artésiens, surtout dans l'Oued-R'ir, en amenant à la surface du sol d'abondantes eaux souterraines, ont amélioré les oasis existantes et permis d'en créer de nouvelles.

C'est par la description de cette troisième région que nous entrerons dans le sujet que nous nous sommes imposé.

Le Désert est une des choses dont on se fait l'idée la plus fausse. On se le représente comme une vaste surface sablonneuse, bien unie, bien aride, et où le vent soulève des tourbillons de sable qui ensevelissent le voyageur. Quelle est la source de cette description traditionnelle? On l'ignore; mais ce qui est certain, c'est que jamais une personne qui n'a pas vu le Sahara ne peut se le figurer autrement. Ainsi que le remarque fort justement M. le docteur Sériziat, c'est là le désert de convention, celui des romances et des opéras, où se promènent les lions et que parsèment de place en place des squelettes de chameaux. Ajoutons que ce dernier trait est le seul véritable.

Si, cependant, quelque touriste s'arrêtait, un beau jour, à l'entrée du Sahara algérien, sur les montagnes nues qui lui servent de limite et dominent la ville française de Biskra, il ne trouverait pas du tout le désert de ses rêves. Il verrait devant lui une vaste surface grisâtre, semblable à une mer lointaine, sans aucune apparence de sable, et sur cette plaine grise des taches noires allongées, qui sont les oasis. Loin d'être aride, ce Sahara est couvert d'une multitude de plantes, et les parties nues ne sont que l'exception; mais c'est une végétation étrange, qui ne se rapproche ni par la forme ni par la couleur de nos buissons européens. Dans ce sol de marne et de gypse, sous le soleil qui les calcine, sous le vent qui les secoue, croissent des broussailles torturées et souffreteuses qui ne peuvent se décider à mourir, et dont l'aspect dénonce une lutte constante contre un climat meurtrier. Mais si le terrain s'humecte au voisinage d'une nappe souterraine, aussitôt ces arbustes, régénérés, s'élèvent et se multiplient; le tamarin et l'olivier sauvage forment les massifs les plus pittoresques, et au-dessus d'eux le pistachier-térébinthe, ce géant du Sahara, les domine et les protège sous sa verdure éternelle. Il n'est qu'un genre de terrain qui reste toujours dépourvu de végétation; ce sont les terrains salés : ceux-là ne nourrissent que des touffes basses et arrondies appartenant à une flore particulière, et les traînées de sel efflorescent qui les parcourent décèlent aussitôt le secret de leur stérilité éternelle.

La constitution géologique de ce désert, — sur laquelle nous reviendrons plus loin, — est très simple. Deux éléments s'y rencontrent presque exclusivement : le silex et le sulfate de chaux. Les marnes, les argiles, les sables ne sont que les produits secondaires de leurs combinaisons. Terrain tertiaire par excellence, il appartient aux étages les plus modernes et se place immédiatement au-dessus de la craie du bassin parisien. Mais, bien que la nature du sol soit la même à peu près partout, cependant les aspects en sont très variables, ce qui tient surtout à l'altitude et au degré d'humidité. Tantôt ce sont de vastes espaces rocailleux, couverts de cailloux; tantôt des terrains meubles que le vent transporte, et dont le niveau s'est abaissé, en laissant une foule de petits monticules dont chacun est fixé par la végétation qui le surmonte; tantôt, enfin, ce sont des forêts de broussailles où l'on a peine à se frayer un passage, ou des nappes de sable, précurseurs de là région des dunes, que le vent a striées avec une régularité admirable. Même parfois on voit, à l'horizon, des collines d'un jaune pâle, parfaitement nues, et dont le contour se dessine avec une netteté toute particulière. Ce sont les dunes, c'est la forme que revêt le sable quand on les rencontre; ce sont les fameuses montagnes mouvantes qui engloutirent l'armée de Cambyse. Il faut que les choses aient bien changé depuis, car les dunes actuelles ne se déplacent pas de plus de quatre ou cinq mètres par an; et, comme deux vents opposés se partagent l'année climatérique, il arrive que leurs actions se neutralisent et que les dunes ne paraissent pas changer de place.

Ce qui manque dans le Désert, c'est l'eau. Partout où elle se montre, sous forme de rivière dans le nord ou de puits artésiens dans le sud, la culture devient possible, les oasis naissent, la population se fixe et prospère. Ce mot d'*oasis* n'est pas arabe, comme on le croit ; il n'est pas non plus berbère : on lui attribue plutôt une origine égyptienne ; mais ce ne serait, dans tous les cas, qu'une expression locale, car on parle très purement l'arabe en Égypte. On désigne sous ce nom une plantation de palmiers ou, du moins, d'arbres où le palmier domine ; mais il n'existe pas d'oasis naturelle, et les massifs de tamarins ou d'autres essences que l'on rencontre en certains endroits du Désert ne sont jamais désignés de cette façon. Le palmier, d'ailleurs, ne vient pas sans culture, ou bien il dégénère promptement ; les noyaux de dattes que laissent tomber les caravanes auraient déjà couvert de verdure le Sahara tout entier si cet arbre pouvait croître seul comme le chêne. Il lui faut des soins, des irrigations, une fécondation artificielle, de l'engrais même dans certains cas ; c'est le roi du Désert, mais un roi qui ne peut vivre qu'en captivité. Une oasis se présente sous l'aspect d'une masse de verdure où les palmiers se mêlent aux figuiers, aux abricotiers et aux grenadiers, principaux arbres fruitiers de cette latitude. Rien n'est beau comme un pareil site, surtout au coucher du soleil : les chemins pleins d'ombre, les champs d'orge, les bouquets de palmiers innombrables, les vieilles mosquées en ruines qui se lèvent à chaque coin du paysage, la profonde verdure qui fait un fond à tous ces tableaux épars, tout cela est admirable à cette heure de chaude lumière et d'éclairage oblique ; splendeurs inconnues à l'Europe, et que nul ne saurait oublier après les avoir entrevues.

Lorsqu'on quitte Biskra pour s'avancer vers le sud, on rencontre une longue suite d'oasis semées comme les îles d'un archipel dans une vaste dépression que l'on appelle l'Oued-R'ir, c'est-à-dire la « rivière du vent ». Si l'Oued-R'ir est un cours d'eau, il est bien profondément caché ; c'est une nappe artésienne située à près de 60 mètres dans le sol. Les dattes de cette région sont renommées, mais son climat est malsain et la population de ces oasis lutte péniblement contre la fièvre intermittente. La capitale est Tuggurt, qui est, après Ouarglâ, la plus grande des oasis françaises. Les Arabes disent : « Deux Biskra valent un Tuggurt, deux Tuggurt valent un Ouarglâ. » Arrosée, comme tout l'Oued-R'ir, par des puits artésiens, l'oasis de Tuggurt en est littéralement inondée, et un vaste marais appelé lac Chèmora, qui s'étend presque jusqu'à Mégarin, n'a pas d'autre origine. D'autre part, l'eau de Tuggurt est amère, purgative et du goût le plus désagréable.

C'est alors seulement que commence le sud, le vrai Désert. On voit se déployer des immensités horizontales où serpentent deux vallées peu profondes, mais d'une largeur immense, l'Oued-N'Sa et l'Oued-Mzab. C'est là qu'on trouve de véritables forêts sahariennes. Ce sont des tamarins d'une espèce particulière, appelés dans le pays *etla* et qui ne poussent que dans le sud. Leur feuillage bleuâtre, leur écorce profondément labourée de sillons parallèles, enfin je ne sais quoi de magnifique et de centenaire qu'on ne rencontre que dans nos plus vieux chênes, tout fait de ces arbres extraordinaires la plus saisissante étude de paysage.

## II



**A travers le Sahara algérien.**

A partir de Tuggurt, les villages prennent le nom de *ksours ;* ils sont fortifiés et placés sur des éminences, comme pour veiller sur les palmiers plantés à leurs pieds. El-Hadjira, El-Alia, Taïbet appartiennent à ce type. De vastes espaces couverts de dunes de sable ressemblent, de loin, aux flots innombrables d'une mer solidifiée ; puis, le désert s'accidente ; des plateaux escarpés apparaissent en longues lignes et, tout déformés par le mirage, ondulent dans le ciel avec des formes fantasques. Nous sommes sur les frontières du Grand-Sahara, dont la largeur est inconnue et où les colonnes ne peuvent s'engager ; nous n'avons plus devant nous que trois oasis, les plus curieuses que possède la France : N'Goussa, Ouarglâ et El-Goléâh.

La première de ces stations est précédée d'une plaine nue, sans une pierre, sans un brin d'herbe, et dont aucun accident, si léger qu'il soit, n'interrompt la parfaite horizontalité.

C'est le fond d'un ancien lac, qui, vers le nord, recule à l'infini sa surface grise et qui se limite au sud par les palmiers de l'oasis. A gauche, des palmiers *khralis* (c'est-à-dire abandonnés, qui ont cessé d'être cultivés) se dressent en grand nombre sur des petits monticules.

La cité, pour être encore peu connue, n'en est pas moins pittoresque. Une ville carrée, ou à peu près, entourée de murs, ceinte d'un fossé hérissé de tours, de minarets, de dômes, des accidents de toute espèce de l'impossible architecture arabe, le tout en terre calcinée par le soleil et perdu dans un fourré de vingt mille palmiers, voilà N'Goussa. Mais ce qu'on ne peut décrire, ce sont les ruines, les trous, les lézardes, les innombrables injures du temps que la paresse arabe respecte avec le plus grand soin et qui font de ces huttes de terre un assemblage déjeté, déformé, déchiqueté, presque méconnaissable, mais tellement bizarre et saisissant, qu'on ne peut en détacher ses yeux. Du reste, comme pour toutes les villes arabes, ce n'est beau qu'au soleil. Il faut la splendide lumière que notre France ignore pour allumer toutes les arêtes et faire ruisseler la vie sur ces ruines habitées. Le jour fini, le soleil couché, il n'y a plus à N'Goussa que des rues étroites et immondes : les palmiers seuls sont toujours beaux.

Quand on monte sur le grand minaret, grosse tour carrée assez haute, on aperçoit à ses pieds un inoubliable panorama : tout d'abord, la ville avec son accumulation de terrasses, ses constructions à demi ruinées, ses ornements en saillie, ses œufs d'autruche sur les dômes des mosquées, ses palmiers plantées dans les cours; plus loin, la masse verdoyante de l'oasis, forêt profonde, obscure, dont le vert métallique luit au soleil ; puis au delà, à perte de vue, la solennelle nudité du Désert et la mer immobile des dunes derrière laquelle se cache Ouarglâ.

A une certaine époque, le ksour de N'Goussa a été tributaire de Ouarglâ; plus tard, Ouarglâ paya tribut par suite d'un revers de fortune. Ce tribut était de 860 *hattias* de dattes et de 300 réaux d'argent (le *hattia* vaut 6 kilogr., et le réal 1 fr. 50). De plus, quand un chef était élu à Ouarglâ, il devait à N'Goussa, pour faire valider son élection, un présent composé d'une négresse, d'une jument, d'un fusil et d'un tapis. N'Goussa était autrefois formé de deux villages, dont on retrouve encore les ruines : Bou-Hadjar à l'ouest, et Ferhana à l'est. Une querelle entraîna la ruine des deux ksours, dont les débris furent réunis par le marabout Sidi Moussah ben Salah, qui, après avoir choisi l'emplacement de la ville actuelle, y fonda une *zaouïa* (nous expliquerons ce terme plus loin) : N'Goussa naquit de cette agglomératiou.

La population est de sang noir. Il y a dans les oasis de l'Oued-R'ir et du sud deux races parfaitement distinctes : les nomades , qui

ne diffèrent point des autres populations algériennes, et les nègres, de sang plus ou moins
mêlé, mais conservant toujours les traits caractéristiques de leur origine. Ces derniers sont
des esclaves vendus par les caravanes; beaucoup, encore aujourd'hui, servent les nomades
en cette qualité. Les métis, de couleur plus ou
moins foncée qui peuplent maintenant toutes
ces régions, proviennent des alliances nombreuses entre les blancs et leurs esclaves.

Après N'Goussa, un *chott*, lac salé à sec. Puis,
cinq petites oasis, qui servent de satellites à
Ouarglâ : à droite, Bamendil ; à gauche, Soth,
Rouïssed, El-Hadjaja et, au-dessus des dunes,
les palmiers abaissés de Sidi-Krouïled, village
de marabouts.

A une époque déjà reculée, lorsque les tribus
nomades venues du sud-est s'établirent sur le
premier point du Sahara algérien où elles purent
trouver de l'eau, l'oasis primitive d'Ouarglâ
n'occupait pas la place où nous la voyons
aujourd'hui : elle s'étendait suivant une ligne
tortueuse le long de la chaîne de collines qui
borde à l'ouest. le bassin des chotts de l'Ouarglâ
actuelle, point où devaient se trouver à cette époque les dernières sources d'eau douce, maintenant abaissées à la profondeur de la nappe artésienne. Il reste encore des vestiges des anciennes
plantations, et une longue suite de palmiers
*khralis*, desséchés et incultes, s'étend au pied
de la montagne jusqu'au village ruiné de Ba-

mendil, à peine habité aujourd'hui. Cette situation, au point de vue de la salubrité, était bien préférable à celle de l'oasis moderne. Sans rien préjuger sur l'état des eaux du chott dans ces temps éloignés, où il remplissait probablement encore une grande partie de son lit, les habitations étaient préservées de ses émanations par les vents dominants, qui soufflent constamment du nord-ouest ou du sud-est. Actuellement, l'immense oasis de Ouarglà, qui ne compte pas moins de 500,000 palmiers, est située au centre du chott, entre les deux bras qui ne sont pas encore à sec et qui l'entourent comme une ceinture délétère. La ville disparaît derrière un épais rideau de verdure sombre, d'où s'élancent seulement deux minarets tout blancs, qui dominent de bien haut les cimes des palmiers. De larges fossés d'une eau croupissante et verdâtre, où pullulent les rameaux capillaires des végétations aquatiques, baignent ses murailles, qui tombent en ruines. Dans la forêt de palmiers, 200 puits artésiens versent leur eau tiède dans des canaux d'irrigation innombrables, dont le sol est pour ainsi dire haché et qui, constamment submergés, remplis de limon, encombrés de roseaux, répandent en tout temps une odeur nauséabonde et caractéristique. Ainsi entourée de toutes parts d'effluves fébrifères, noyée dans les miasmes empestés qu'une chaleur ardente dégage par torrents de ces vastes marécages, Ouarglà est constamment dépeuplée par les fièvres paludéennes. Malgré son étendue, qui est plus considérable que celle de Constantine, elle compte à peine 2,000 habitants, et des quartiers entiers ne sont que des amas de décombres. Mais c'est surtout par les guerres incessantes que s'explique la faiblesse numérique de la population. Il ne faut pas non plus perdre de vue que Ouarglà, pendant l'hiver, perd la plus grande partie de ses habitants. Les nomades appartenant à la tribu des Chambas profitent de la saison où le Désert est encore habitable et offre quelque verdure pour y séjourner avec leurs troupeaux : Ouarglà n'est pour eux que le centre de leurs approvisionnements, et, quoique la majeure partie des palmiers leur appartienne, ils ne rentrent guère dans la ville que si l'excès de la chaleur ou l'approche d'un ennemi les oblige à y chercher un refuge.

La seule eau potable de Ouarglà est fournie par les puits artésiens, dont la profondeur moyenne est de 60 mètres. Les puits ordinaires, qui sont très nombreux, fournissent une eau salée que l'on ne peut pas boire. Cette nappe salée se trouve dans tout le chott où est assise Ouarglà, à moins de 2 mètres au-dessous du sol. Les puits artésiens arabes ne sont pas jaillissants ; leur ouverture carrée, qui a souvent cinq ou six pieds de large, livre passage à une colonne d'eau montant lentement au niveau du sol et s'épanchant à mesure comme une source naturelle. Cette eau, d'une transparence admirable, d'une température de 24°, ne contient presque pas de sels et présente le goût fade particulier aux eaux de pluie.

Comme dans toutes les oasis, les dattes forment la base de la nourriture des habitants de Ouarglà. La viande de mouton n'y figure que d'une manière exceptionnelle ; celle du chameau est plus usitée. L'oasis produit beaucoup de fruits : à son ombre croissent le figuier, le grenadier, l'amandier, la vigne ; et si l'oranger, qui vient très bien à Tuggurt, n'existe pas à Ouarglà, c'est par la négligence des Arabes, lesquels n'ont pas pris la peine d'en planter. Dans ce sable fécond, tous les arbres prospèrent ; on voit se mêler dans un chaos de verdure les végétations des deux mondes ; mais le produit le plus important est, sans contredit, la datte, car le blé est trop cher pour être accessible à tous. Aussi, malgré le sourire éternel d'un ciel sans hiver, malgré le luxe trompeur des régimes dorés et savoureux qui pendent du front des dattiers, une réelle misère se cache sous les ombrages des oasis. Les malheureux nègres qui gardent, à Ouarglà, les propriétés des nomades sont réduits au dernier degré de dénuement, car les palmiers et les jardins, la seule richesse du pays, ne leur appartiennent même pas. M. le docteur Sériziat cite même un détail qui donne une idée navrante de cette misère. A Ouarglà, les nuages de sauterelles, — ce fléau qui détruit impitoyablement les récoltes et dont on ne peut prévoir ni l'origine ni la fin, — les sauterelles sont reçues comme un bienfait du ciel; le peuple, affamé, les recueille soigneusement pour s'en nourrir. C'est une véritable denrée commerciale qu'on apporte sur le marché, et dont la valeur augmente à mesure que l'on avance vers le sud et que les ressources diminuent. Les sauterelles se mangent bouillies et prennent, sous l'action du feu, une belle couleur rouge; on les sèche ensuite, si l'on veut les conserver : elles sont alors très salées, dures et friables. Les Arabes disent que leur goût varie suivant les végétaux qui leur servent de nourriture; notamment, on reconnaît en elles la saveur fort repoussante du *zita* (*Limoniastrum Guyonianum*), plante très commune dans le Désert algérien et qui couvre entre El-Hadjira et Ouarglà des espaces considérables.

Relativement aux autres ksours, Ouarglà est bien, du reste, une capitale. Les rues y sont plus larges, plus aérées, presque propres, et, à part la place du Marché, où une boucherie en plein vent est établie, les sens n'y sont point choqués par ces foyers pestilentiels qu'on rencontre partout ailleurs et que la paresse indigène accumule à portée des habitations. La disposition générale des maisons est la même dans tout le pays : elles sont plus ou moins grossièrement construites en plâtre non cuit, cimenté de sable mouillé; sur la rue, la façade est crépie avec soin, peinte en blanc, ornée fréquemment d'inscriptions en relief tirées du Koran, ou de fragments de poterie incrustés dans les murs, au milieu de dessins en losange. La porte est disposée de manière à ne laisser pénétrer, quand elle s'ouvre, aucun regard indiscret ; une cour intérieure donne accès à l'air et au jour, suppléant ainsi à l'absence totale de fenêtres. Chez les Arabes pauvres, tout est sale et en désordre ; le sol est couvert de détritus de toute espèce, et le maître couche dans un coin obscur, sans autre lit que son burnous. Dans les maisons moins misérables, on construit une façon de lit de camp en pierre, de la forme et de la figure d'un large banc : ces lits primitifs se trouvent quelquefois dans la rue au-devant des maisons et servent pour la nuit dans les grandes chaleurs, comme aussi pour la sieste en toute saison.

Le chott de Ouarglà contient, même en hiver, assez peu d'eau ; elle est très limpide, très fortement salée, et laisse sur le sol des dépôts de sel presque solide, semblables à une neige à demi fondue. L'horizon s'étend au sud sur une vaste étendue de terrains grisâtres, parfaitement unis ; au delà, on voit des dunes parées des teintes les plus vives et des bouquets de palmiers élancés et gracieux.

De l'autre côté du lac existent les deux villages de Soth et d'El-Hadjaja, qu'on appelle collectivement les *chtouth*. Soth n'est qu'une ruine. Tout à l'opposé des autres ksours, ordinairement éclatants de lumière, celui-là a des murailles noires, toutes sillonnéesde lézardes, et qui menacent de s'écrouler. Ces murs, bâtis avec la terre salée du chott, se creusent, se dissolvent, s'effritent sous la pluie, si rare qu'elle soit sous cette latitude, et affectent les dentelures les plus fantastiques. C'est exactement un village en train de se dissoudre, et, s'il recevait les fortes ondées du Tell, il fondrait à vue d'œil. Quant à El-Hadjaja, c'est une agglomération fort curieuse, bien qu'elle ne groupe pas plus de 200 individus. On y trouve une rue couverte, abri fort nécessaire en été sous le ciel dévorant de cette région. Cette rue, qui fait le tour du village, est noire comme un gouffre; à peine, de distance en distance, un mince rayon de soleil pénètre entre les interstices des maisons. Cette lumière jaune, ces ombres profondes, quelques chèvres noires qui frôlent les murailles, un burnous blanc qui apparaît comme un fantôme et rentre aussitôt dans les ténèbres, tout cela est aussi pittoresque que possible. Mais il faut un artiste devant de pareilles scènes; il faut les peindre, et non les raconter.

De Ouarglà à El-Goléâh, notre extrême possession sud dans le Désert, la distance est de 200 kilomètres, sur le parcours desquels on ne rencontre plus aujourd'hui qu'un seul puits, celui de Kechaba. Il y a une douzaine d'années, la plaine de l'Oued-Mya, qui sépare les deux oasis, offrait encore à chaque journée de marche des puits dont les sauvages tribus du Gourara profitaient pour pousser leurs incursions jusqu'à Ouarglà ; les tribus de Ouarglà s'affranchirent de cette menace persistante en comblant ces utiles auxiliaires : cette œuvre de défense, qui fut une œuvre de dévastation, a fait de cette contrée le désert des déserts. On y expérimente à merveille ce que c'est que l'épreuve de la soif.

Goléàh s'annonce comme un rocher au milieu des palmiers, avec une forteresse qui serait importante même ailleurs qu'au Sahara. « C'est, dit M. Auguste Choisy, un Mont-Saint-Michel, une Acropole en plein Désert ; acropole de sauvages, mais dont les grandes tours carrées et à redans se dessinent fièrement sur le ciel et commandent le respect. » Dans l'oasis, les chemins serpentent entre des jardins de palmiers mystérieusement entourés de murs en terre jaune. Au reste, marché sans importance, n'ayant de relief que par sa situation stratégique. La population, très minime, se compose d'Arabes et de nègres esclaves, comme à Ouarglà, vivant de part et d'autre dans des conditions à peu près analogues. Toutefois, on y retrouve encore quelques curieux spécimens des *Zennata*, race qui fut probablement l'ancienne maîtresse du sol et dont on retrouve encore des débris dans le Touàt et jusqu'au

Gourara. M. Choisy les représente comme de grands hommes secs et raides, au teint enfumé et dont le front se termine en pointe, pratiquant l'islamisme, parlant la langue arabe, mais ne se mariant qu'entre eux et se faisant enterrer à part; au surplus, espèce abâtardie, qui ne conserve guère, en fait de qualités intellectuelles, qu'une mémoire prodigieuse. « Ces derniers représentants des vieilles civilisations du Sahara, constate le savant voyageur que nous venons déjà de citer, ont cherché, sur ce rocher que les sources voisines rendaient habitable, un dernier asile contre les envahisseurs. C'est, en petit, l'histoire des Celtes réfugiés sur les promontoires de la Bretagne, de la famille kabyle retirée derrière les montagnes du Jurgura, de la secte Mozabite retranchée dans les réduits de ses ravins rocheux. » Ainsi sombrent les races puissantes, quand leur rôle est terminé! Leur nom même s'efface, à moins que quelque antiquaire patient ne parvienne, par un jeu de déduction quelconque, à les reconstituer.

Tel est l'ensemble du Sahara algérien; de quelque côté que le voyageur l'attaque, à l'est ou à l'ouest, son aspect reste le même, avec ses contrastes saisissants.

Et, maintenant que nous en avons donné une idée aussi précise que possible, que devons-nous penser de l'avenir de cette région, du rôle destiné à ces contrées étranges aux dépens desquelles n'a jamais cessé de s'accroître jusqu'à présent notre grandiose possession d'Algérie?

M. le docteur Sériziat, qui a sérieusement étudié la question, la résume de la façon suivante :

« Pouvons-nous conclure, dit-il, avec M. Charles Martins, que la route de l'Afrique centrale est ouverte devant nous ; que l'Angleterre, partant du cap de Bonne-Espérance, et la France, partant de l'Algérie, vont se donner la main à travers les déserts fécondés, les peuplades soumises et les éléments vaincus? Devons-nous, au contraire, voir dans le Grand-Désert un obstacle évidemment infranchissable, et dans le Sahara algérien un simple but d'expéditions pour nos colonnes et d'excursions pour nos touristes? Devant des œuvres qui exigent des siècles, ce n'est pas à nous à dire le dernier mot; il y a là des questions climatériques que le temps seul peut résoudre. Il est certain que, pendant la période romaine, le sud de l'Algérie était plus boisé et plus humide qu'il ne l'est aujourd'hui, et que les mêmes effets ne manqueront pas de se reproduire si on rétablissait dans le Désert la même cause, c'est-à-dire la végétation arborescente. Que les puits artésiens se multiplient à l'infini, que les oasis sortent du sable, que le jardin de palmiers rêvé par le général Desvaux s'étende de Biskra à Ouarglâ et du Maroc à Tripoli, alors le climat changera ; la végétation, par un singulier phénomène, amènera elle-même la pluie qui la fait croître ; l'inclémence des étés du sud cessera ; l'accès en deviendra plus facile, et la civilisation y pénétrera peu à peu, non par le brusque et stérile effort des invasions armées, mais par le progrès insensible de toutes choses, par l'élargissement inévitable du cercle de l'humanité, qui marche sans doute avec lenteur, mais qui ne recule jamais. »

# III

## Les Arabes du Sahara.

L'Arabe est le véritable habitant du Désert algérien ; d'autre part, l'Arabe du Sahara est, seul, le véritable Arabe. Nous ne parlons pas, bien entendu, de l'habitant des ksours, mais du nomade, du « maître de la tente », de celui qui ne reste jamais quinze ou vingt jours sans changer de place, de celui qui ne va dans le « Tell ennuyeux » qu'une fois par an pour acheter des grains. De cet homme, ensemble rare de qualités et de vices poussés à l'extrème, le portrait mérite d'être soigneusement tracé.

C'est un être d'une constitution sèche et nerveuse, d'un visage bruni par le soleil, aux membres bien proportionnés, grand plutòt que petit, faisant bon marché toutefois de cet avantage d'une haute taille, « de cette peau de lion sur le dos d'une vache », lorsqu'on n'y joint pas l'adresse, l'agilité, la santé, la vigueur, et le courage surtout.

Mais, s'il estime le courage, il plaint et ne méprise pas, il n'outrage jamais ceux qui manquent de « foie » (*keubda*). Ce n'est pas leur faute, déclare-t-il, car Dieu ne l'a pas voulu !

Il est d'une extrême sobriété, mais, se pliant à toutes les circonstances, il ne négligera pas l'occasion de bien et de beaucoup manger. Sa nourriture de tous les jours est simple et peu variée ; mais il sait, quand il le faut, dignement festoyer ses hôtes. Vienne la fête patronale (*el ouada*) d'une tribu, d'un douar où se trouvent ses amis, il ne leur fera pas l'injure d'y manquer ; et, fût-ce à trente ou quarante lieues, il faut qu'il aille y « rassasier son ventre ». D'ailleurs, ils savent bien qu'il est tout prêt à leur rendre la pareille, qu'ils n'ont pas affaire à l'un de ces ladres *mercanti* des villes, dont tout l'effort d'hospitalité va jusqu'à l'offre de quatre pieds carrés pour s'asseoir, d'une pipe de tabac et d'une tasse de café, après maintes paroles préliminaires cauteleusement débitées sur les exigences nécessaires d'une prudente économie domestique. En pareil cas, notre nomade a autrement le cœur sur la main !

Chez l'Arabe, tout concourt à la puissance de la manifestation de la vie extérieure : nerveux, endurci, sobre, il a l'œil perçant et sûr ; à deux ou trois lieues, il se vante de distinguer un homme d'une femme, à cinq ou six lieues, un troupeau de chameaux d'un troupeau de moutons. Est-ce fanfaronnade ? Non, certes ; l'étendue et la netteté de la vue ne lui peuvent-elles venir, comme à nos marins, de l'incessante habitude de regarder au loin dans des espaces immenses et dénudés? D'ailleurs, fait aux objets et aux scènes qui, toujours les mêmes, l'entourent dans un certain rayon, il serait difficile qu'il ne les pût reconnaître par tous les temps.

Néanmoins, les maladies d'yeux sont fréquentes; la réfraction du soleil, la poussière, la sueur causent une foule d'accidents, des taies et des ophtalmies, par exemple, et les aveugles et les borgnes sont nombreux dans beaucoup de localités du Désert, chez les Beni-Mzab, à El-Ghrassoul, à Ouarglâ, à Gourara.

Dans son enfance, et dans sa jeunesse encore, le nomade a les dents belles, blanches et bien rangées; mais les dattes, comme nourriture habituelle et presque exclusive, les lui gâtent à mesure qu'il avance en âge. C'est alors à ses armuriers et à ses maréchaux ferrants qu'il confie le soin de sa mâchoire endolorie, et l'on devine aisément de quelle façon cavalièrement primitive ces praticiens expéditifs le traitent.

Le véritable grand seigneur, le chef important, le *djouad* quitte rarement la selle et ne va presque jamais à pied; il met des bottes (*temag*), au besoin des savates. Mais l'homme du peuple est infatigable marcheur; il parcourt en une journée des distances incroyables : son pas ordinaire est ce que nous appelons le « pas gymnastique »; il l'appelle, lui, le « trot de chien ». Généralement, en pays plat, il ôte ses chaussures, quand il en a, pour aller plus vite et plus commodément, et aussi pour ne pas les user : par suite, tous ont le pied des statues antiques, large, bien posé à plat, l'orteil nettement écarté. Ils ne connaissent pas les cors, et plus d'une fois un chrétien, qui s'était introduit dans une caravane, s'est vu expulsé après avoir été dénoncé par ce signe infaillible. La plante des pieds acquiert une telle dureté, que le sable ou les pierres ne les blessent plus; une épine pénètre quelquefois de plusieurs lignes sans qu'ils s'en aperçoivent.

Néanmoins, dans le Desert proprement dit, pendant les grandes chaleurs de l'été, le sable est si brûlant, qu'il est impossible de marcher pieds nus, à tel point qu'on est contraint de ferrer les chevaux si on ne veut pas voir leurs pieds promptement endoloris et en mauvais état. La crainte de la piqûre du *lefà*, vipère qui donne la mort, contraint également à porter des brodequins montant jusqu'au-dessus de la cheville du pied.

Les maladies des pieds les plus communes sont les *cheggaz*, gerçures qu'on guérit en oignant la partie malade de graisse et en la cautérisant avec un fer rouge. Quelquefois, cès gerçures sont tellement larges et profondes, qu'on est obligé de les coudre : les fils sont en nerfs de chameau desséchés au soleil et divisés en parties aussi fines que la soie, ou bien

encore des poils de chameau filés. Tous les ha
bitants du Désert se servent de ces fils (*el aà-
gueub*) pour réparer leur selles, brides, plats de
bois, etc. ; chacun porte toujours sa trousse, un
couteau et une aiguille à passer.

Cette qualité d'admirables marcheurs est
mise à profit par quelques-uns, pour lesquels
elle devient une profession ; elle produit les
coureurs, porteurs de messages, qui se sanglent
étroitement d'une forte ceinture. Ceux qu'on
appelle *rekass* se chargent des affaires pressées
et font en quatre jours la course que les coureurs ordinaires exécutent en dix ; ils ne s'ar-
rêtent presque jamais. Quand ils éprouvent le
besoin de se reposer, ils comptent soixante
aspirations et repartent aussitôt. Un rekass
qui a parcouru 60 lieues et reçu 4 francs
de rémunération se croit largement récom-
pensé.

Dans le Désert, un courrier extraordinaire
voyage nuit et jour et ne dort que deux heures
sur vingt-quatre ; lorsqu'il se couche, il attache
à son pied un morceau de corde d'une certaine
longueur, auquel il met le feu ; lorsque la corde
est sur le point d'être consumée, le feu le
réveille.

Pour peu qu'un Saharien soit à son aise, il
ne fait absolument rien : travailler est une
honte. Il se rend aux réunions, aux assemblées
de sa tribu, chasse, se promène à cheval, sur-
veille ses troupeaux, prie, etc. En un mot, il

Femmes arabes sous leur tente.

n'a que les occupations politiques, guerrières, religieuses.

Labourer, moissonner, cultiver les jardins, c'est l'affaire des gens des ksours, de ces engraissés des habitudes casanières et de la vie mercantile qu'il traite dédaigneusement de « pères du ventre », d' « épiciers », de « marchands de poivre » (*sekakri*)!

Sous une « grande tente », les travaux d'intérieur sont confiés aux nègres esclaves, qui sont à bon marché et nombreux; les négresses vont à l'eau, vont au bois, préparent les repas.

Sous une « tente à demi-fortune », les travaux sont laissés aux femmes, lesquelles ont à traire les brebis et les chamelles, à faire le beurre, à moudre les grains, à seller et desseller le cheval, à lui mettre la couverture, à le faire boire, à lui donner l'orge, à tenir l'étrier quand l'homme descend ou monte, à faire le bois et l'eau, à préparer les aliments, à veiller sur les troupeaux avec l'aide du berger. Elles tissent les lits, les coussins, les sacs à fardeaux, les étoffes en laine teinte dont on voile les litières, les rideaux qui séparent les hommes des femmes, les bâts de chameaux, la musette, la besace, la couverture à cheval, les entraves, les filets qui servent à préserver de l'agneau la brebis dont on veut conserver le lait. Elles font des cordes en laine, en poil de chèvre et de chameau, en feuilles de palmier, en alfa. Elles préparent les peaux de bouc où seront mis le lait, le beurre,

l'eau. Elles fabriquent avec de la terre glaise
de la poterie, des verres à boire, des four-
neaux, des plats à faire cuire le pain, le kouskoussou, la viande. Pour les déménagements,
elles lèvent la tente, la roulent en paquet, la
chargent sur un chameau. Dans la migration,
elles marchent à pied, souvent conduisant à la
main la jument que suit un poulain, toujours
fagotant du bois en route et ramassant de
l'herbe pour le bivouac du soir. A l'arrivée,
elles dressent les tentes. — On le voit, tout
n'est pas rose dans la vie de la femme arabe !

A ce propos, un proverbe saharien dit :
« Celui qui n'a pas une négresse et qui ne dort
» pas sur un lit, la misère lui réclame une
» vengeance ». Encore celui-là même est-il
moins malheureux qu'un malheureux du Tell.
Il se met serviteur d'une grande famille ; il
répare les sacs, les harnachements ; il fait griller
les moutons aux grands festins (*diffa*) ; puis,
dans ses longs loisirs, il va de tentes en tentes,
partout où sont des hôtes, échangeant ses services contre les débris des repas.

L'Arabe du Sahara est très fier de cette vie,
qui, pour être exempt du travail monotone
auquel est soumis l'habitant du Tell, n'en est
pas moins active et agitée, pleine de variété et
d'imprévu. Si la barbe blanchit vite au Désert,
la cause n'en est pas à la chaleur, à la fatigue,
aux voyages et aux combats, mais aux peines,
aux soucis, aux chagrins. Celui-là seul, affirme-

t-il, ne blanchit point qui « a le cœur large »,
qui sait se résigner et qui dit : « Dieu l'a
voulu ! »

Cette fierté pour son pays et pour son genre
de vie va jusqu'au dédain pour le Tell et les
gens qui l'habitent. Ce dont s'enorgueillit surtout l'homme du Désert, c'est de son indépendance ; car, dans son pays, la terre est vaste et
« il n'y a pas de Sultan ». Le chef de la tribu
administre et rend la justice : tâche peu com-
pliquée, les délits étant peu nombreux, tous
prévus, et les pénalités étant fixées à l'avance.
Notons, à titre de simple renseignement caractéristique, que le vol sur une autre tribu est
toléré, mais que le vol sur une tribu ennemie
est encouragé.

Riche, l'Arabe est généreux ; riche ou pauvre,
il est hospitalier et charitable. Rarement il
prête son cheval, mais ce serait lui faire injure que de le lui renvoyer. A tout cadeau, il
répond par un cadeau de bien plus grande valeur. Il est des hommes qu'on cite comme
n'ayant jamais rien refusé, ce qui suppose de
leur part une libéralité magnifique. Un autre
proverbe dit encore, du reste : « Celui qui
s'adresse aux nobles (*djouad*) ne revient jamais
la main vide. » Et cela est vrai.

Inutile de parler des aumônes ; tout le monde
sait que, après la « guerre sainte » et sur la
même ligne que le pèlerinage, l'aumône est
l'acte le plus agréable à Dieu et à son Prophète.

Quand un Arabe est en train de manger, s'il passe un mendiant qui s'écrie : « De ce qui appartient à Dieu, ô croyants ! » le croyant partage son repas s'il est suffisant pour deux, ou l'abandonne tout entier.

Un étranger se présente devant un douar; il s'arrête à quelque distance et prononce ces paroles : « Hôte envoyé par Dieu ! » L'effet est magique. Quelle que soit sa condition, on se précipite, on s'arrache l'étranger, on lui tient l'étrier pour qu'il descende; les domestiques s'emparent de sa monture, dont il ne doit plus se préoccuper s'il est bien élevé; l'homme est entraîné dans la tente, et on lui sert immédiatement à manger ce qui peut être prêt, en attendant le festin. Mêmes attentions pour le voyageur à pied. Le maître de la tente tient compagnie à son hôte toute la journée, et ne le quitte que lorsque vient le sommeil. Jamais une question indiscrète. En outre, il est sans exemple qu'il soit arrivé un accident à un homme ainsi reçu en hospitalité; mais, en partant, le maître de la tente dit : « Suis ton bonheur ! » Lorsque l'hôte est éloigné, celui qui l'a reçu n'est plus responsable de rien. Enfin, ajoutons, pour terminer, que si, en sortant du repas de l'hospitalité, on passe devant un douar et qu'on soit aperçu, on est encore forcé de se rendre aux offres réitérées qui sont faites.

Le portrait que nous esquissons de l'Arabe du Sahara algérien serait incomplet, toutefois, si nous ne notions pas son excessive ignorance et son extraordinaire superstition. Il croit aux choses les plus impossibles, aux spectres, aux fantômes, aux sortilèges, aux formules magiques, aux évocations, aux philtres, en un mot à toutes les jongleries obligées des plus audacieux nécromanciens. Les chefs s'efforcent de remédier à cette crédulité déplorable, fort contraire, en plus d'un cas, à leur influence; mais leurs efforts sont vains.

V

Touristes et voyageurs dans le Sahara algér

Le voyageur qui met le pied sur le sol algérien devra rompre absolument avec certaines
habitudes inoffensives chez nous, mais dont il
ne tarderait pas à ressentir les funestes effets
sous un climat bien différent.

Qu'il commence donc par abandonner complètement les vêtements de toile, si agréables
en France pendant l'été, et qu'il les remplace
par des vêtements de laine ou de coton : la
caractéristique du climat chaud est, en effet,
l'amplitude des oscillations diurnes de la température, d'où la succession presque constante
des nuits fraîches et humides aux journées les
plus chaudes ; les périodes pendant lesquelles
souffle le siroco font seules exception à cette
règle générale. Dans les saisons mixtes, du
mois de mai au mois d'octobre inclusivement,
il n'est pas rare de constater de 15° à 20° de
différence entre la température du jour et celle
de la nuit.

Entre autres vêtements à conseiller, le veston

de molleton blanc ou gris, mauvais conducteur
de la chaleur solaire pendant le jour et bon isolant
du corps humain après le coucher du soleil, rem-
plit bien la double indication de la double protection contre la chaleur de la journée et la fraîcheur
de la nuit. Ce veston sera muni d'un capuchon;
car si, dans les climats froids, on protège surtout
la poitrine, en Afrique c'est la tête et le ventre
qu'il faut principalement défendre. Le mouchoir directement appliqué sur la tête et maintenu par un chapeau léger recouvert d'un couvre-nuque constitue un système de protection
aussi parfait que possible contre l'irradiation
solaire: il permet l'absorption de la transpiration de la tête au fur et à mesure qu'elle se produit, et l'évaporation qui se fait sur la partie
flottante du mouchoir produit une sensation
de fraîcheur fort agréable. Les nouveaux venus
en Algérie négligent souvent le couvre-nuque
et se piquent d'affronter le soleil en plein midi
sans en être incommodés: c'est là une bravade
qui se paie bientôt par une susceptibilité telle,
qu'on en arrive à ne plus pouvoir aller au soleil
sans prendre un violent mal de tête. Bien entendu, l'ombrelle rendra les plus grands services toutes les fois qu'on pourra s'en servir et
aura, de plus, l'avantage de protéger la vue.
Il sera, néanmoins, prudent de se munir de
verres fumés si l'on doit voyager à cheval; mais
alors qu'on ait soin de choisir des verres peu
teintés seulement, afin de ne pas perdre, par

une sensation pénible de contraste, quand on les enlève, le bénéfice de la protection qu'ils ont procurée.

Pour protéger l'abdomen, menacé pendant la nuit comme la tête l'était dans la journée, la ceinture de flanelle, directement appliquée sur la peau, est au moins indispensable; on mettra le gilet complet pour peu qu'on soit légèrement rhumatisant. Ajoutons que, sans pouvoir l'expliquer, on attribue assez généralement à la flanelle un pouvoir protecteur contre le miasme paludéen.

Ainsi armé contre le chaud et contre le froid, le voyageur partira dès l'aube de la journée, avec un itinéraire tracé pour trouver un gîte vers dix heures; à ce moment de la journée, en effet, la température est insupportable : pas un souffle; l'atmosphère est stagnante, et le soleil brûle. Il est temps de s'arrêter; on déjeune légèrement, après quoi une sieste d'une heure environ. Ce temps de repos est indispensable à ceux qui marchent comme à ceux qui travaillent, et personne n'y manque. On peut repartir vers trois heures de l'après-midi. Ne pas oublier que, en voyageant à cheval ou à dos de mulet, on diminue les chances d'intoxication paludéenne, autant parce qu'on traverse plus rapidement les endroits dangereux que parce qu'on est plus éloigné du sol qu'à pied.

Adopter les mœurs d'un peuple ne consiste pas à en prendre même les vices : on évitera

donc avec soin la nourriture épicée des Arabes,
qui ne peut que favoriser la réceptivité des
intestins pour la dyssenterie. Mais on fera bien
de garder à l'égard du porc les saines et hygiéniques traditions de la religion de Mahomet.
En pays arabe, on ne se nourrit guère que de
mouton rôti, de volaille et de kouskoussou :
le pain est remplacé par une sorte de galette
facile à digérer, malgré l'apparence. Se méfier
de cette sauce, rouge de piment, nommée
*merga*, dans laquelle les indigènes se plaisent
à voir nager leurs aliments. Les ananas, les
pastèques, les grenades, les oranges seront
recherchés comme entretenant la liberté du
ventre; mais on se gardera bien de goûter aux
figues de Barbarie, qui n'ont d'ailleurs rien de
bon et provoqueraient infailliblement une cons-
tipation des plus opiniâtres : on pourra manger des dattes à discrétion. Plus d'eau que de
vin pendant les repas, et, dans leur intervalle,
du thé ou du café léger seront les seules boissons permises. Il règne, chez les colons, le plus
déplorable préjugé sur l'excellence de l'absinthe
pour rendre inoffensives les eaux saumâtres ou
non. Toutes les liqueurs alcooliques ont pour
premier résultat fâcheux de supprimer l'appétit, qui est pour le voyageur la principale condition de résistance ; et, quant à leur abus, c'est
le foie, déjà menacé par la chaleur, qui en paie
les frais. Le thé et le café, au contraire, constituent deux boissons toniques et excitantes à la

fois, jouissant de deux grands avantages, dont
l'un, au point de vue de l'agrément, est de ne
pas exagérer la transpiration, dont l'autre, au
point de vue de l'utile, est d'exiger l'emploi
d'eau bouillie dans un pays où les eaux sont
souvent le véhicule de nombreux principes
nuisibles. Le café sera préféré par les personnes grasses, atones; les personnes nerveuses
feront usage de thé, mais surtout que nul
n'oublie, le matin, avant de partir, de prendre
une tasse de sa boisson favorite. En principe,
ne jamais se mettre en route à jeun.

C'est maintenant qu'il faut savoir résister
aux charmes des frais ombrages et des pittoresques abris. En Afrique, qui dit végétation
dit marais, et qui dit marais dit fièvre. Fuyez
l'ombre, et jusqu'au voisinage du laurier-rose;
ses pieds sont dans l'eau, et il vous suffirait
peut-être de quelques minutes passées à l'admi-
rer de trop près pour être tourmenté jusqu'à
la fin de vos jours par le miasme palustre.

Si vous devez camper, dressez votre tente à
flanc de coteau, s'il est possible, et, dans tous
les cas, évitez avec soin tout ce qui ressemble
à un lit de ruisseau. Il sera, d'ailleurs, toujours
bon de consulter les indigènes sur les points
du voisinage notoirement fiévreux, et de s'installer en conséquence.

Sous la tente, la couchette devra être élevée
au-dessus du sol, autant pour en éviter l'humidité que pour se soustraire à la visite nocturne

de ses hôtes : dans le Sahara algérien, on est exposé à rencontrer des scorpions et des vipères cornues. Une sage précaution, connue des Arabes, consiste à mettre sous sa couchette une peau de ces grands lézards nommés *ouranes*, que les indigènes vendent dans toutes les villes : ce sont des animaux fort amis de l'homme, en ce sens qu'ils sont très friands de scorpions et de vipères cornues, de telle sorte que ces derniers les redoutent tant que la seule odeur de la peau de leur ennemi suffit pour les mettre en fuite. Autant que possible, le hamac, plus souple et plus facile à isoler, sera préféré à la couchette. Le complément indispensable de 'un ou de l'autre sera la moustiquaire, sans laquelle, en certains endroits et en certaines saisons, il n'est pas de sommeil possible.

Le voyageur agira prudemment en refusant toute hospitalité dans les gourbis arabes, où ne tarderaient pas à l'assaillir des bataillons serrés de puces vigoureuses, et même d'autres parasites dont il se débarrasserait plus difficilement. S'il est forcé d'accepter une tente antérieurement habitée, il en changera tout au moins l'emplacement.

Autant à cause de la fraîcheur des nuits qu'en raison de la nécessité d'un départ très matinal, le voyageur se couchera de bonne heure. S'il veut être assuré de dormir, il fera bien de faire précéder son repas du soir non pas d'un bain froid, ce qui serait le mieux, mais ce qui est rarement possible, tout au moins de simples lotions de toilette. Il en résultera non seulement une sédation générale tout à fait favorable à un repos réparateur, mais encore une régularisation des fonctions de la peau qui sera la meilleure garantie contre cette affection prurigineuse et lichenoïde qu'on nomme la « gale bédouine », aussi tenace que désagréable, et même peut-être aussi contre cette autre maladie cutanée bien autrement sérieuse dite « clou de Biskra ». Dans tous les cas, le bain chaud, débilitant et énervant, et le bain maure, qui n'est qu'un bain de vapeur suivi d'une séance de massage, seront très rigoureusement proscrits.

En somme, que le voyageur veille surtout sur son appétit et son sommeil; leur intégrité sera la condition d'une lutte victorieuse contre un climat fatigant et contre un sol ennemi.

Souvent l'intoxication paludéenne, quand elle n'existe qu'à un faible degré, ne se traduit que par un mal de tête fugitif : si on remarque une certaine périodicité dans le retour de ce petit accès de céphalalgie, il faudra recourir aussitôt au sulfate de quinine, pris à petite doses, cinq décigrammes environ, dès le mal de tête dissipé et continuer ainsi deux ou trois jours en éloignant chaque fois de trois ou quatre heures la prise du médicament. Le voyageur devra donc avoir toujours sur lui des pilules de sulfate de quinine, quelques doses d'un gramme d'ipéca en poudre pour les cas de légère insolation ou d'embarras gastrique, des pilules de cinq centigrammes d'extrait gommeux d'opium pour calmer les coliques dues au refroidissement de la nuit, et enfin de l'ammoniaque pour apaiser l'intolérable cuisson des piqûres des moustiques. Dans le cas malheureux de piqûre de scorpion ou de vipère cornue, le mieux, si le voyageur se trouvait éloigné de tout secours, serait d'appliquer immédiatement une vigoureuse ligature au-dessus de la partie atteinte, de faire une incision en croix avec un canif au niveau de la piqûre, et de cautériser en versant de l'ammoniaque au fond de la plaie.

Voilà certes des complications bien effrayantes, dira-t-on. Mais, comme le remarque fort justement M. Héricourt, « que le voyageur se rassure, surtout s'il n'a l'intention que d'explorer le littoral; c'est tout au plus si celui qui s'enfonce dans le sud en est menacé. Le miasme paludéen se fait de plus en plus rare et fuit devant les progrès de notre colonisation; et, quant aux vipères cornues, je souhaite — ajoute-t-il — aux naturalistes d'en apercevoir seulement quelques-unes. » Cela veut dire qu'on ne rencontre de ces fâcheux incidents qu'en plein désert; mais une pareille rencontre possible méritait bien qu'on indiquât le moyen d'y remédier.

En résumé, il est évident que l'époque la

plus propice pour entreprendre une semblable excursion est celle qui coïncide avec la fin des endémies annuelles, des insectes, des eaux saumâtres, des viandes altérées, c'est-à-dire le mois de novembre. Mais on ne choisit pas toujours son temps, et l'on devra suivre d'autant plus rigoureusement les conseils qui précèdent, qu'on arrivera à une époque plus voisine des fortes chaleurs. S'il se résigne à observer prudemment cette ligne de conduite, le voyageur, à condition d'être pourvu d'ailleurs d'une santé robuste et d'un courage à toute épreuve, pourra se risquer au-delà de nos extrêmes possessions et affronter les périls mystérieux du vrai Désert, de ce qu'on nomme le Grand-Sahara.

C'est là que nous allons maintenant conduire nos lecteurs.

L'étude du Sahara algérien n'était que le préliminaire indispensable et naturel du tableau qui va suivre.

# V

**Le Grand-Désert. — Géographie du Sahara.**

Il importe de constater, tout d'abord, qu'aujourd'hui le Sahara n'est plus inconnu. Les différentes étapes principales en peuvent être indiquées sur la carte, et la partie de cette carte qui s'y rapporte n'est plus blanche comme autrefois. Si l'on prétend que le Sahara est encore à explorer, qu'on ne le connait pas, c'est que les explorateurs sont très souvent, trop souvent, des hommes qui n'ont aucune notion de la topographie saharienne, qui ne l'ont pas étudiée et pour qui les travaux accomplis par leurs devanciers demeurent à l'état de lettre morte. Ce n'est pas à dire pour cela qu'il n'y ait plus de problèmes à élucider en ce qui concerne cette région. Il est certain, au contraire, que le caractère particulier de la géographie physique du Sahara donne lieu, en ce qui concerne l'hydrographie, à un grand nombre de problèmes dont la solution n'est pas aisée, en raison de l'extrême difficulté que l'on rencontre pour pénétrer dans le Désert, pour y résister au climat, pour y subsister.

Donner des limites précises au Sahara n'est guère possible, vu l'irrégularité de ses contours : on ne peut lui assigner que des limites d'ensemble. A ce point de vue, on peut dire que la région saharienne est séparée, au nord, de la région algérienne proprement dite par une véritable muraille de rochers continus, ne permettant accès que par des cols ou par d'étroites coupures à travers lesquelles des cours d'eau torrentueux ont creusé leur lit. En raison de l'obliquité, du sud-ouest au nord-est, de cette chaîne, le Sahara ne commence à l'ouest, dans la province d'Oran, que vers le 33° de latitude, tandis qu'à l'est il remonte au nord jusqu'à peu près El-Kantara, vers le 35°. Au sud, il se confond avec les déserts qui s'avancent jusqu'à la région des pluies estivales, limitée par une ligne sinueuse oscillant entre le 12° et le 15° de latitude : c'est là seulement que commence la région intertropicale proprement dite. Quant au point extrême soumis à l'autorité française, bien qu'on l'ait poussé récemment plus au sud., à El-Goléâh, il s'arrête à l'oasis de Ouarglâ, située sous le 32°. L'ensemble de cette immense région offre une largeur d'environ cinq cents lieues des bords de l'Atlantique au Maroc ; quant à sa longueur, elle traverse tout le continent africain pour se prolonger jusqu'à l'Indus, dans les déserts asiatiques.

Le général Daumas nous a transmis l'étymologie du mot SAHARA. D'après les *tholbas* (lettrés) arabes, on appelle *Sehaur* ce moment presque insaisissable qui précède le point du jour et pendant lequel les musulmans peuvent encore, en temps de jeûne, manger, boire et fumer.

Partant de ce principe que le Sehaur est plus facilement et plus tôt appréciable pour les habitants des plaines, dont rien ne borne l'horizon, que pour les habitants des montagnes, enveloppés qu'ils sont dans les plis du terrain, du nom du phénomène on a formé celui du pays où il était plus particulièrement apparent : Sahara signifie « pays du Sehaur ». Cette étymologie ingénieuse est confirmée, du reste, par celle du TELL, qui serait également un dérivé du mot arabe *Tali*, « dernier », désignant ainsi le pays en arrière du Sahara, celui où le Sehaur n'apparaît qu'« en dernier ». C'est ainsi encore que les tholbas disent *Tali el Tell*, « le dernier après le dernier », pour désigner la mer, à cause de sa position en arrière du Tell.

Quoi qu'il en soit, le mot générique de Sahara n'entraîne point nécessairement, qu'on le sache bien, l'idée d'une immensité déserte. Habité sur certains points, il s'appelle *Fiafi*; ce sont les oasis, où la vie s'est retirée autour des sources et des puits, sous les palmiers et les arbres à fruits, à l'abri du soleil et du simoun. Habitable sur certains autres, il prend le nom de *Kifar;* c'est alors la plaine sablonneuse et vide, mais qui, fécondée un moment par les pluies de l'hiver, se couvre d'herbes au printemps, et où les tribus nomades, campées ordinairement autour des oasis, vont aller faire paître leurs troupeaux. Enfin, inhabité et inhabitable sur d'autres points encore, on le nomme *Falàt;* c'est l'immensité stérile et nue, la mer de sable, dont les vagues éternelles, agitées aujourd'hui par le terrible simoun, demain seront amoncelées, immobiles, et que sillonnent lentement ces flottes appelées caravanes.

Ceci posé, abordons le détail de la question géographique.

Il faut, d'abord, avoir recours aux travaux de M. Henri Duveyrier pour la région qui avoisine le massif du Hoggar au nord et à l'est D'après ce voyageur, il n'existerait dans le Sahara, entre la Méditerranée et l'Atlantique, que sept groupes de dunes : ceux d'Edeyen, de l'Erg, d'Iguidi, de Maghtir, d'Adâfer, d'Akchar et d'Iguidi des Trarzas (entre 16° et 18° de latitude N.)

On y trouve seulement des dunes ; mais il y a un massif assez élevé au cœur de cette région, dite « du Désert, » celui du Hoggar, dont les sommets ont environ 2,000 mètres et qui se couvre de neige de décembre jusqu'en mars, au moins pendant les années de pluie. C'est par comparaison qu'approximativement cette altitude a été évaluée. d'après les altitudes connues de l'Adrar, du Tasili et de l'Anhef, qui ne conservent pas de neige sur leurs sommets, bien qu'ils aient entre 1,500 et 1,800 mètres au-dessus du niveau de la mer.

Le Hoggar renferme des sources vives abondantes et des ruisseaux d'eau courante qui donnent la vie à Idelés, à Tazerouk, à Tazoult. Il y aurait même un *ouadi* (rivière) qui formerait une cascade, la seule existant entre le Nil et l'Atlantique; cet ouadi s'appellerait l'Adjella, et proviendrait du Tifedest.

Du Hoggar et du Tasili descendent trois très longues vallées : celle de l'Igharghar, au nord, qui s'étend jusqu'à Tuggurt; celle du Tefassanet, au sud; celle du Tirehert, à l'ouest. Ces vallées sont à sec; mais elles ne l'ont certes pas toujoursété. Le Tirehert, formé des deux ouadis Tirehert et Akaraba, part du Mouydir pour aller d'abord au lac Debaya, dans le Sahara marocain, déversant ensuite de là les eaux occidentales du Hoggar par l'Oued-Draa. Toutefois, ceci est une hypothèse due à M. Duveyrier, que M. Sabattier, un savant algérien fort compétent dans les questions relatives au Sahara et à l'Afrique centrale, ne trouve nullement justifiée. D'après l'hypothèse de l'éminent géographe français, les eaux s'écouleraient par les lits de l'Oued-Messaoura, de l'Oued-Guir et de l'Oued-Tafilelt (ou Ouadiziz), qui se perdent actuellement dans les sables, et se réuniraient souterrainement aux eaux de l'Akaraba et du Tirehert pour aller alimenter le lac Debaya. Du reste, l'Oued-Tafilelt ne se perd pas ostensiblement dans les sables, mais bien dans la Daïa-Daoura.

M. Sabattier, qui s'est préoccupé partout de la solution du chemin de fer transsaharien, dont nous avons à parler plus loin, ne s'est point tenu pour satisfait de ces données générales. Voulant préciser autant que possible, non seulement il a consulté le témoignage des grands voyageurs européens depuis Barth, qui pénétra à Tin-Boktou en 1858, mais encore il a eu recours aux relations orales des Arabes indigènes que les hasards ont pu mettre en rapport avec lui. Il a recueilli de la bouche de ces derniers les indications les plus précieuses. Mentionnons, notamment, la déposition d'un certain Mohamed-ben-Mohamed, originaire du Touat, dont voici l'intéressante conclusion :
« J'affirme que, à part les dunes de Ouallen,
» qui sont sans importance, tant parce qu'elles
» sont constamment isolées et franchies en
» moins de deux heures que parce qu'elles n'ont
» qu'une faible hauteur, il n'existe aucune dune
» sur la route qui mène du Touat à Tin-Boktou.
» J'affirme qu'il n'existe aucune montagne ou
» colline et que, à part deux vallées larges,
» mais très peu profondes, celles de Ouallen et
» d'Imzannan, et quelques ravins entre Mab-
» rouk et Tin-Boktou, il n'existe aucun acci-

» dent de terrain. Le pays est constamment
» plat et d'un aspect uniforme. »

De l'ensemble des renseignements puisés
chez les indigènes, M. Sabattier a tiré des conclusions synthétiques, et il est arrivé, de cette
façon, à débrouiller l'état actuel de nos con-
naissances relativement au Sahara. S'appli-
quant plus spécialement à l'étude de la région
ouest, complétant ainsi les travaux antérieurs
de M. Duveyrier, il élucide singulièrement le
problème.

Voici sa thèse générale. L'Oued-Guir descend de l'Atlas marocain, va au sud-ouest jusqu'à Igueli, par 30° et demi de latitude N. et 4°
de longitude O. Il reçoit l'Oued-Zouzfana, qui
vient des montagnes des Ahmours et des
Ouled-Djerirs et prend le nom de Messaoura,
continuant vers le sud, s'infléchissant même un
peu à l'est. Il traverse une série de ksours,
dont il arrose les riches dattiers (lorsque, toutefois, il renferme de l'eau) jusqu'au-delà du
29° de latitude N. Il traverse pendant deux journées un pays désert et arrive au Touât par 28°
de latitude N. Alors, les ksours et les plantations de dattiers se succèdent le long de ses
rives sur une étendue d'environ deux degrés,—
soit à peu près 220 kilomètres. Mais que devient l'Oued à partir de Tamadanin, au-delà
de Zaouïa-Kounta? M. Sabattier s'efforce de
démontrer qu'à la sortie du Touât, après une

disparition de courte durée sous les dunes, il tourne au sud-sud-ouest et aboutit à peu près à l'extrémité sud de l'ouadi Ahenet (ou Ahérer), affluent de l'ouadi Teghazert ou Tirejert, qui, probablement, se déverse dans le Niger ou, tout au moins, se perd dans un système de marais desséchés durant la saison chaude et situés à peu de distance au nord du coude oriental du Niger. Ce Tirejert ou Teghazert serait le même que le Terezart de Barth. Il descend du Hoggar, dont les sommets, neigeux pendant trois mois de l'année, lui envoient une quantité notable d'eau. Le Tiresht ou Tighesht de Barth serait encore le même oued, comme M. Sabattier l'établit d'une manière fort probante. Ce savant relève alors dans Barth la mention d'une localité située à l'est de Hillet-es-Cheikh-Mouktar, nommée Aghasher ou Eghazar, « belle vallée de dattiers, de grains et de tabac ». Eghazar est identique à Teghazert, puisque celui-ci n'est qu'une forme féminine du premier, obtenue par l'addition du *t* initial et du *t* final. D'après l'explorateur arabe Embouk-ben-Mahomed, ce Teghazert se prolongerait bien davantage dans le sud, et il présenterait dans sa partie inférieure des phénomènes déjà observés par Barth pour les affluents du Niger, en général. Cependant, M. Sabattier, sans conclure absolument en faveur de la rencontre du Teghazert et du Niger, montre du moins qu'il est très nettement établi que le premier se rapproche considérablement de ce fleuve.

On conçoit de quelle grande portée est l'objectif du travail du savant algérien, puisqu'il a entrepris son étude, ainsi que nous l'avons déjà dit, en vue de renseigner la colonie sur les possibilités d'exécution du Transsaharien. Que ce projet se réalise ou ne se réalise pas, son œuvre n'en a pas moins une importance notable, car ce serait une route tout indiquée à suivre pour les explorateurs du Sahara, soit qu'ils viennent par le nord et par l'Algérie, soit qu'ils pénètrent par le Sénégal et la vallée du Niger.

Pour ce qui concerne les points de détail, les conclusions de M. Sabattier, non moins nettes, sont les suivantes :

1° L'Oued-Messaoura se déverse, après une disparition sous le sable pendant une cinquantaine de kilomètres, dans l'ouadi Adrem.

2° L'ouadi Adrem se jette dans l'ouadi Ahenet, affluent supérieur de l'ouadi Teghazert.

3° L'ouadi Teghazert se jette dans un système de lacs dont la cuvette, à l'époque des crues du Niger, reçoit en amont du rétrécissement de Tossaye, par la gouttière de l'ouadi Tiaret, les eaux débordées du grand fleuve. Quand vient la décroissance de celui-ci, la cuvette déverse son trop-plein, en aval de Tossaye, dans le même Niger. Il en résulte que grâce à ce phénomène, observé d'ailleurs par Barth sur l'autre rive du fleuve, sur la rive gauche, l'oued Teghazert a avec le Niger des relations intermittentes.

4° Durant le parcours de la vallée depuis le pays des Hamyans algériens jusqu'au coude oriental du Niger, on trouve dans cette vallée un sol uni et libre de dunes. Les puits y abondent, et la direction se poursuit constamment en pays habité ou susceptible de l'être.

5° L'horizontalité est presque absolue depuis le pays des Hamyans, où l'oued Zouzfana donne naissance aux affluents supérieurs par une altitude de 1,000 mètres; mais il ne faut pas moins de 2,000 kilomètres d'étendue pour que la vallée s'abaisse à une altitude de 130 à 150 mètres, qui est très probablement celle du coude oriental du Niger.

Voilà des conditions inespérées et auxquelles les promoteurs du Transsaharien étaient loin de s'attendre. D'après M. Sabattier, la construction du Transsaharien de l'ouest, de celui aboutissant au département d'Oran, ne rencontrera ni l'obstacle des sables mouvants, ni celui de l'absence d'eau, ni celui des montagnes, dont l'existence nécessiterait des travaux d'art plus ou moins considérables. Le pays y est absolument salubre et n'exige qu'une seule espèce de précautions, celle qui consiste à s'abriter contre les ardeurs du soleil. Sur une bonne moitié de la voie, le transit assuré serait de 300,000 tonnes, alimenté uniquement par l'Oued-Messaoura, le Touàt, le Tidikelt, le Gourara, le Tafilalet. A cela il y aurait à ajouter le transit provenant du Soudan. Quant à la garde de la voie, elle n'offrirait aucune difficulté et n'imposerait qu'une dépense minime en hommes et en argent. Évidemment, tout bien pesé, on ne peut se refuser à reconnaître l'importance des recherches faites par M. Sabattier et la valeur considérable des conclusions auxquelles elles aboutissent.

Les travaux successifs de M. Duveyrier et de M. Sabattier, dont nous venons de donner l'analyse, nous ont fait suffisamment connaître l'ensemble de la situation géographique du Sahara. Nous compléterons ces généralités en exposant plus loin le détail des différentes missions scientifiques dont cette mystérieuse région a été l'objet depuis vingt-cinq ans.

# VI

## Géologie du Sahara

C'est à l'absence ou à l'irrégularité des pluies que le Sahara doit son aspect désolé et son inhospitalité apparente. Dans sa plus grande étendue, les vents dominants viennent de l'est; ce sont les alizés qui, traversant les hauts plateaux de l'Asie et de l'Arabie, s'y dessèchent et arrivent complètement privés d'humidité. Dans le désert algérien, les vents du nord-ouest sont plus fréquents ; mais ils doivent franchir les régions montagneuses et les Hauts-Plateaux : ils arrivent donc aussi secs que les premiers.

Aucun courant atmosphérique régulier n'apporte de l'eau au Désert : les pluies proviennent d'orages, de tempêtes déterminant des perturbations dans les contre-courants supérieurs de l'alizé. Elles sont alors torrentielles et, s'écoulant rapidement sur un sol peu perméable, y produisent des érosions dont les plus profondes constituent des *oueds* (vallées) qui restent souvent pendant plusieurs années à sec.

Aucun cours d'eau permanent ne sillonne ces solitudes : le Nil seul fait exception ; transportant jusqu'à la Méditerranée les eaux du Soudan, il réveille sur son parcours la fertilité du sol.

En présence d'une telle sécheresse atmosphérique, on se demande comment la vie peut se manifester sous ces latitudes? Mais c'est à la configuration du sol et à sa constitution géologique qu'il faut demander le secret de la biologie du Sahara.

La comparaison classique du Grand-Désert africain avec une peau de léopard dont les oasis représenteraient les taches, ou avec un océan dont elles formeraient les îles disséminées ou groupées en archipel, donne une idée exacte de l'aspect général du pays.

La présence de l'eau fournie par les sources, par les oueds, par les *redirs*, dépressions du lit des oueds où l'eau persiste pendant plus ou moins longtemps, l'existence de puits alimentés par les infiltrations du sol ou les eaux jaillissantes d'une nappe artésienne déterminent seules les routes suivies par les caravanes, les lieux de station et de campement, ainsi que la formation des oasis et l'établissement des villages et des villes.

L'eau de la plupart des puits creusés dans les terrains argilo-calcaires et gypseux du Sahara; qu'elle soit jaillissante ou fournie par l'infiltration du sol, contient du sel marin, du chlorure de magnésium dans d'assez grandes proportions pour être désagréable au goût et avoir une action purgative assez prononcée. Aussi les indigènes de l'Oued-R'ir, bien qu'ils soient peu délicats, disent-ils d'un de leurs puits renommé pour la mauvaise qualité de ses eaux : « Mieux vaut cent coups de bâton qu'une gorgée de l'eau de Bram! »

Les puits permanents ou extemporanés, creusés à une faible profondeur de 1 à 3 mètres dans les dépressions des dunes, fournissent en abondance des eaux d'infiltration fraîches et potables, lesquelles, bien que contenant souvent du sulfate de chaux en dissolution, n'en paraissent pas moins délicieuses au voyageur qui, dans l'Oued-R'ir, a été condamné aux eaux minérales purgatives des puits artésiens.

D'après M. E. Cosson, membre de l'Institut, le sol du Sahara algérien, dans la plus grande partie de son étendue, a été abandonné par la mer qui le recouvrait à une époque géologique relativement récente. Il y existe sur plusieurs points, comme au Djebel-Melah, près El-Outaïa, de véritables monticules de sel, ainsi que des dépressions peu étendues, ou immenses comme le chott Melghir, dans lesquelles les eaux pluviales dissolvent en hiver le sel marin qui s'y est cristallisé en été sous forme de couches plus ou moins épaisses. Quant aux plaines sahariennes proprement dites, elles sont géné-

ralement constituées par un terrain compact,
siliceux, argilo-calcaire ou gypseux, qui est parsemé çà et là de cristaux de gypse. A ce sujet,
M. Ch. Martins écrit : « Que les géologues qui
» veulent parler de l'action érosive des eaux plu-
» viales laissent de côté les exemples mesquins
» qu'ils citent à l'appui de leurs démonstra-
» tions, qu'ils visitent le sol de l'Algérie ; c'est
» là qu'ils verront combien la puissance éro-
» sive des eaux transforme un plateau uni en
» un massif de montagnes aussi accidentées
» que celles qui sont dues au relèvement et à
» la rupture des roches. » Ces phénomènes
d'érosion par les eaux pluviales s'observent
dans toute l'étendue du Sahara algérien ; partout on y rencontre les profonds ravins et les
ravines qu'elles ont creusés en tous sens. Dans
le Mzab, les érosions ont converti en véritables
reliefs montagneux le plateau calcaire qui
s'incline de Laghouat vers Metlili et Ouarglâ.
Sur de nombreux points, l'ancien sol a été
entraîné par les eaux et n'est plus représenté
que par des éminences en forme de cônes régu-
liers ou de véritables pyramides (*gour*, *gara*),
atteignant quelquefois de 40 jusqu'à 100 mètres
de hauteur, véritables témoins du sol primitif,
dont ils présentent toutes les couches réguliè-
rement superposées. Dans les terrains argileux,
aussi bien du Sahara algérien que du Sahara
marocain, les gours affectent souvent la forme
de véritables murailles régulières, de dimen-

sions variables, souvent considérables, et dans le lointain simulent de vastes fortifications. Cette puissance d'érosion des eaux pluviales, bien qu'il ne soit pas rare que dans le Sahara algérien plusieurs années se passent presque sans pluie, s'explique facilement par ce fait que les pluies sont généralement torrentielles lorsqu'elles se produisent et que, agissant sur un sol desséché et crevassé, elles peuvent, en quelques heures, creuser des ravins aussi profonds que des lits de rivière.

M. Pomel, directeur de l'École supérieure des sciences d'Alger, rejette, au contraire, l'hypothèse du Désert considéré comme un fond de mer fraîchement inondé. D'après lui, toutes les observations directes de géologie et de paléontologie repoussent cette opinion. Les dépôts dans le Sahara ont un caractère absolument fluvial, mais nullement marin. « Ce n'est pas là, déclare-t-il, qu'il faut cher
» cher le *vaporarium* capable d'avoir formé les
» mers de l'époque glaciale. C'est dans le nord
» de l'Europe, dans les plaines baltiques, où
» flottaient les radeaux de blocs erratiques,
» c'est dans la vaste mer sibérienne qu'il faut
» chercher l'origine de ces chutes d'eaux gla
» cées qui ont produit l'extension des glaciers
» et des eaux torrentielles qui ont charrié les
» alluvions du Sahara. Le desséchement de
» nos *sebkhas* (salines) s'est produit à partir de
» l'émersion de ces régions; c'est depuis cette

» époque qu'est survenue cette détérioration
» du climat qui présente un contraste si absolu
» avec celui des temps préhistoriques. » Nous
voilà loin de la précédente théorie. Le très
compétent géologue ajoute que les phénomènes
actuels rendent parfaitement compte de l'état
présent du Désert : l'absence de terre végétale,
l'abondance des sables, la présence des gise-
ments de sel s'expliquent par les phénomènes
que l'on observe chaque jour.

Quand les pluies torrentielles, agissant vio-
lemment sur un terrain dénudé, y ont produit
leurs érosions après avoir partout dénivelé le
sol, tous les matériaux arrachés, puis abandonnés par les eaux, sont ensuite repris par
les vents secs, qui les effritent en séparant
leurs divers éléments : les parties les plus
ténues, comme l'argile, sont emportées à de
grandes distances sous forme de brouillards
poussés par les vents du sud jusqu'en Europe
et par les alizés dans le grand Océan ; les parties dures et d'un certain calibre constituent
des sables tout à fait semblables à ceux qui ont
une origine purement sédimentaire.

Comme sur les rivages de la mer, ces sables
sont emportés par les vents et accumulés en
dunes dont les couches superficielles sont
entraînées et groupées à nouveau suivant les
caprices du vent et les accidents du sol. L'aspect du Sahara dépend essentiellement de ces
érosions et de ces formations de dunes ; le sol

Un marabout

y est tantôt dénudé, balayé par l'eau et le vent, tantôt recouvert par d'épaisses couches de sables accumulées par les mêmes forces.

Dans le premier cas, le sol est dur, tantôt plat, tantôt ondulé, de nature rocheuse ou terreuse, découpé par des rigoles, des ravines ; c'est le vrai Désert : on l'appelle la *Hammada*. Son étendue, très considérable, représente les huit neuvièmes de la surface totale.

Les sables, amoncelés en collines, en dunes, aux formes les plus variées, occupent parfois d'immenses surfaces au nord et à l'ouest ; ils reposent sur la Hammada, et sont surtout accumulés dans les grandes dépressions. Cette région des dunes, ou *Areg*, n'est pas aussi stérile que la Hammada, ainsi que nous aurons occasion de le démontrer. Les surfaces couvertes par ces dunes mesurent souvent dix, vingt, cent lieues carrées et plus : leur sable ténu s'amoncelle dans des directions déterminées par les moindres reliefs du terrain, par des arbres, des arbustes et même par des touffes de plantes vivaces ou annuelles, ou par l'influence des vents dominants pour former des couches régulières ou ondulées, des tumuli ou de réelles montagnes d'une altitude de plusieurs centaines de mètres. Le sol primitif, sur lequel ces sables ne sont que superposés, est parfois mis à nu au fond de véritables entonnoirs creusés par les tourbillons de vent.

Du reste, la configuration du sol saharien

n'est pas aussi unie qu'on le croit communément : à côté des vallées d'érosion ou *oueds*, que l'on oppose aux plateaux de l'Hammada, de véritables massifs montagneux se dressent au centre même du Désert. L'Ahaggar, patrie des Touâregs, en retire le bienfait de nombreuses sources : son versant méridional appartient au bassin du Niger, tandis qu'au nord il verse ses eaux dans le bassin septentrional du Sahara. Le Désert reçoit aussi des montagnes qui le limitent au nord une assez grande quantité d'eau : la partie méridionale de l'Atlas marocain, qui a des sommets de 3,000 à 4,000 mètres, envoie de nombreux oueds qui se perdent dans les oasis. Les Hauts-Plateaux algériens et les massifs montagneux qui sont au sud dirigent aussi, par de nombreuses gorges, leurs oueds dans la région désertique ; d'un autre côté, les pluies torrentielles versent sur le Sahara un volume d'eau respectable. Toutes ces eaux d'origine différente ne sont pas évaporées à la surface du sol dès leur arrivée ; elles s'infiltrent, au contraire, dans les points perméables et constituent d'immenses réserves reposant sur les couches imperméables du sous-sol : de véritables nappes ou rivières souterraines sont ainsi constituées. C'est dans l'Areg que les eaux se perdent et s'accumulent le plus facilement ; c'est là aussi que les Sahariens les trouvent dans certaines régions au moyen de puits instantanés.

Une dernière observation. D'après les recherches récentes des géologues, l'Afrique serait le plus ancien parmi les continents qui existent, et le mieux conservé. Ce plateau immense de roches cristallisées, très anciennement émergé, a été à peine modifié aux époques géologiques postérieures. Une ligne courbe, qui laisserait en dehors l'Abyssinie, le Darfour, le pays des Tébous, le Hoggar et rejoindrait le pied de l'Atlas au Maroc jusque vers l'océan Atlantique, tracerait, en quelque sorte, la limite ouest de l'Afrique tout à fait primordiale et des régions de formation sédimentaire, que les bossellements antérieurs de l'écorce du globe ont annexées successivement à tout le domaine continental. Ainsi, tout le front septentrional de l'Afrique est d'origine sédimentaire, et ces dépôts sédimentaires s'avancent, en forme triangulaire, jusque vers la latitude du Zambési. Il en résulte que l'Afrique proprement dite ne commence guère qu'au Sahara.

# VII



**Règne végétal et règne animal.**

Au milieu de ces plaines désolées persiste, pourtant, en dehors des oasis, une végétation abondante. On a tellement écrit partout que le Sahara était, nécessairement, stérile, qu'il importe de réfuter cette étrange erreur, constituant un préjugé semblable à celui qui a cours au sujet des territoires, aussi peu connus, de l'Arabie centrale, et tout aussi dénué de fondement.

L'émir Abd-el-Kader a poétiquement célébré, dans son *Éloge du Sahara*, la flore du Grand Désert :

« Si tu t'étais éveillé au milieu du Sahara,
» si tes pieds avaient foulé ce tapis de sable
» parsemé de fleurs semblables à des perles,
» tu aurais admiré nos plantes, l'étrange
» variété de leurs teintes, leur grâce, leur
» parfum délicieux ; tu aurais respiré ce
» souffle embaumé qui double la vie, car il
» n'a pas passé sur l'impureté des villes.

» Si, sortant d'une nuit splendide rafraîchie

» par une abondante rosée, du haut d'un
» *merkeb* (monticule) tu avais étendu tes
» regards autour de toi, tu aurais vu au loin
» et de toutes parts des troupes d'animaux
» sauvages broutant les broussailles parfu-
» mées. A cette heure, tout chagrin eût fui
» devant toi ; une joie abondante eût rempli
» ton âme. »

Ce qui est vrai, tout lyrisme mis à part, c'est que la flore saharienne est loin d'être uniforme. A chaque particularité des divers milieux géologiques du Désert correspond une série de végétaux modifiés dans le même sens.

En effet, la vie des plantes, au Désert, est liée à un grand nombre de combinaisons climatériques et telluriques engendrées par l'antagonisme de la sécheresse de l'atmosphère et des réserves d'eau souterraines.

Des plantes maigres, dures, à surface foliaire très réduite, répondent à la sécheresse et à la température élevée ; des plantes annuelles à développement rapide sont en rapport avec la brièveté de la période de végétation qui suit les pluies irrégulières et incertaines des hivers ; d'autre part, les eaux souterraines sont utilisées par un grand nombre de plantes vivaces, qui envoient leurs racines très profondément dans les dunes de l'Areg ou les oueds, et qui atteignent ainsi le niveau aquifère. Ces réserves d'eau permettent une végétation arborescente.

Quant aux eaux qui s'accumulent dans quelques bas-fonds imperméables, comme elles y deviennent rapidement salées et laissent même des croûtes salines après leur complète absorption par l'atmosphère, il en résulte des stations particulières pour les halophiles, qui sont tantôt des plantes à feuilles grasses, à tissus riches en substances salines retenant l'eau, tantôt des végétaux coriaces, ligneux, à surfaces d'évaporation très limitée.

Ce qui est vrai encore, c'est que les végétaux de la région désertique se trouvent répartis dans quelques stations principales : la Hammada, l'Areg, les oueds, les terres salées, enfin les oasis, — chacune ayant ses proportions et ses forces différentes.

Les vents du sud, bien qu'ils soufflent assez rarement, quelquefois pendant vingt à vingt-cinq jours par année, et généralement par périodes de deux ou trois jours au plus, sont les agents principaux de la dispersion des espèces végétales; ils sont également une des principales causes des chaleurs torrides de la région, si favorable pour la culture du dattier, lequel, depuis sa floraison jusqu'à la maturité de ses fruits, exige une somme de température évaluée assez exactement à 6,000 degrés centigrades. Les vallées, presque rectilignes, dirigées dans le sens des méridiens et qui aboutissent au Sahara, présentent sur les deux versants qui les encaissent la même végétation saharienne, et souvent à d'assez grandes distances de leur ouverture méridionale, tandis que, au contraire, les vallées courbes ou obliques ne présentent cette végétation que sur les pentes recevant les chauds effluves des vents du sud. Si, en raison de la largeur de l'entrée des vallées ou de vastes coupures dans le relief montagneux qui sépare les Hauts-Plateaux de la Région Saharienne, les vents du sud peuvent exercer leur puissante influence, le dattier amène ses fruits à maturité complète à des altitudes de 1,000 mètres, comme à Tyout, tandis qu'il ne peut plus être cultivé que comme arbre d'ornement dès 200 à 300 mètres d'altitude dans les vallées aboutissant au Sahara si, par leur direction, elles s'opposent à l'accès de ces vents. Quelquefois avec les vents du nord, qui sont les vents dominants, alternent brusquement les vents du sud, et à des chaleurs tempérées succède, presque sans transition, une température égale à celle du Sénégal : ces vents du sud *(siroco, chyli, simoun)* ont souvent une telle violence, qu'ils font plier les dattiers, dont la cime semble s'incliner jusqu'au sol, et qu'ils se font sentir jusque sur le littoral de la Méditerranée.

La sécheresse de l'atmosphère et l'élévation de la température du Sahara pendant l'été en excluraient toute végétation sans les rosées abondantes qui se produisent souvent pendant la nuit et sans l'humidité que retient également le sol lorsqu'il a été détrempé par les pluies diluviennes de certains hivers. Cette humidité, aussi bien dans le sol compact que dans le sable des dunes, produit fréquemment à une faible profondeur un abaissement de température favorable à la végétation et fournit aux plantes la quantité d'eau nécessaire à leur développement et que l'élongation de leurs racines leur permet d'absorber. Ainsi, tandis que le sable d'une dune, à la surface exposée au soleil, avait une température de 50° et et même de 70°, à un décimètre de profondeur il ne présentait plus qu'une température de 25°. L'eau des puits temporaires (*hassi*), creusés dans les dépressions des dunes ou dans le lit sablonneux des oueds, et à moins de 2 ou 3 mètres de profondeur, n'atteint guère que 19°.

La culture en grand du dattier est l'expression des conditions physiques et climatériques si spéciales que présente le Sahara. Le dattier est la véritable base des jardins des oasis : par ses produits, il suffit à presque tous les besoins des habitants ; par son ombrage tutélaire, il permet les autres cultures en les garantissant des ardeurs du soleil et des variations brusques de température, en maintenant dans le sol et l'atmosphère du climat local de l'oasis l'humidité nécessaire au développement des végétaux plus délicats. Grâce à cet arbre précieux, la présence de l'eau suffit pour fertiliser les plaines du Sahara, qui, sans lui, seraient réduites à une éternelle stérilité. Les conditions les plus essentielles pour la culture du dattier sont une grande somme de chaleur, au moins pendant l'été, la pureté du ciel, la rareté des pluies et une humidité suffisante du sol; aussi les Arabes, dans leur langage imagé, disent-ils : « Le roi des oasis doit plonger son pied dans l'eau et sa tête dans le feu du ciel. »

Dans la plupart des oasis, le dattier est arrosé par des canaux d'irrigation (*saguia*). Ce n'est que dans le Souf que l'irrigation est inutile à ces arbres; ils n'y sont pas disposés, d'ailleurs, comme dans les autres oasis, en massifs continus; ils sont plantés dans des excavations plus ou moins vastes en forme de cônes renversés (*ritan*), creusés de main d'homme dans le sable des dunes à une profondeur suffisante pour atteindre les sables humides. Malgré les haies de feuilles de dattiers ou les petits murs qui garnissent les crêtes ou les pentes de ces excavations, les habitants ont constamment à lutter contre l'envahissement des sables des dunes voisines. L'humidité du terrain suffit pour assurer la végétation des dattiers, qui produisent ainsi sans irrigation des fruits de la meilleure qualité, grâce à la fraîcheur constante du sol et à la température élevée de l'air échauffé par le

rayonnement des parois du trou dans lequel
s'élèvent leurs cimes. Tous les quatre à cinq
ans, une partie des racines de chaque dattier
est mise à nu, et une couche de fumier est
déposée sur ces racines; les vieux dattiers
sont déchaussés et replantés plus profondément pour favoriser le développement de nouvelles racines adventives. Pour terminer le
tableau d'une oasis, un mot sur les jardins
que la plantation de dattiers abrite. Les quelques plantes alimentaires, industrielles ou
fourragères que peut produire la région sont
cultivées dans des jardins spéciaux. Ceux-ci,
qui n'ont souvent que quelques mètres de
superficie, sont entourés de haies sèches de
feuilles de dattier et arrosés au moyen de
puits peu profonds, dont l'eau est extraite par
l'appareil primitif de bascule désigné vulgai-
rement sous le nom de « chèvre »; ils sont
partagés en plusieurs carrés, dans lesquels
l'eau est distribuée par de petits canaux ren-
dus imperméables par un enduit de plâtre, de
telle sorte que chaque plante reçoive exactement la quantité d'eau nécessaire à sa végétation.

L'ensemble des végétaux croisssant sponta-
nément dans le Sahara algérien, en dehors des
cultures, n'atteint pas cinq cents espèces.
L'examen de la statistique botanique compa-
rée de la Région Saharienne démontre que
les plantes d'Europe et celles du bassin mé-

diterranéen y jouent un rôle beaucoup moins important que dans les autres régions. Les analogies avec l'Italie sont, à vrai dire, nulles. Les affinités dominantes sont avec l'Orient désertique, représenté surtout par l'Égypte, une partie de la Palestine, l'Arabie et une partie de la Perse méridionale. Le nombre des espèces qui se retrouvent à la fois en Espagne et en Orient y est relativement considérable. C'est surtout pour la Région Saharienne que nous trouvons la confirmation de la loi d'après laquelle les influences selon la latitude sont dominantes dans l'intérieur, loi qu'on peut encore exprimer, d'après M. Cosson, de la manière suivante : Sous le rapport de la géographie botanique, en Algérie s'éloigner du littoral dans le sens du méridien, c'est moins se rapprocher du tropique que de l'Orient.

Le plus grand nombre des plantes du Sahara sont vivaces, croissent en touffe et ont un aspect sec et maigre, un port raide et dur tout à fait caractéristiques. De nombreuses espèces sont plus ou moins ligneuses, mais les véritables arbres, sauf le dattier et les autres plantations des oasis, ne sont que des exceptions. Dans les plaines sahariennes, riches en Salsolacées frutescentes, diverses espèces de *tamaris* sont presque les seuls végétaux ligneux arborescents avec l'*alenda*, le *zeïta*, l'*arta* ou *ezel*, le *retem*, le *merkh*, etc. Un seul arbre rappelle par son développement ceux de nos pays tempérés :

c'est le *betoum*, qui, appartenant plus spécialement à la région des Hauts-Plateaux, s'avance au
sud, dans les Daïa et les grands ravins du Mzab,
au delà du 33° de latitude. Une graminée, le
*drinn*, représente, dans les dunes du Sahara,
les touffes espacées de l'alfa de la région des
Hauts-Plateaux et y joue un rôle aussi important pour le pacage des troupeaux. Ses graines
*(loul)* servent à la fabrication d'un kouskoussou grossier. Chez les Touâregs, pendant les
années de disette, les femmes et les enfants re-
cueillent dans les fourmilières les graines du
drinn que les fourmis y ont accumulées. Sur
de nombreux points des dunes croît aussi une
espèce de Cypéracée qui, avec le drinn, y forme
la base des pâturages : on le nomme *souchet*.

Aujourd'hui, il est démontré qu'on peut accli-
mater beaucoup d'autres espèces dans le Sahara.
Déjà, dans les oasis de notre possession algérienne, les espèces et les variétés de nos arbres fruitiers, presque toutes nos plantes po-
tagères, ainsi que beaucoup de nos plantes
fourragères, ont retrouvé une sorte de milieu
européen. L'eau achèvera de féconder peu à
peu les sables. Ce qui importe à la colonisation, c'est de bien déterminer les terrains propres à la grande culture des oasis et ceux qui
ne peuvent être utilisés que pour le pacage des
troupeaux pendant l'hiver ; mais une pareille
étude ne peut être que lente.

Passons maintenant au règne animal.

La zoologie n'indique pas moins clairement que la botanique les affinités de la Région Saharienne avec les déserts de l'Orient. Le lièvre d'Égypte y est commun ; la gazelle, qui habite également l'Arabie, s'y rencontre par bandes nombreuses ; l'antilope *addax*, de la Nubie, a été retrouvée dans les dunes des Areg de l'ouest ; le fennec y est aussi répandu qu'en Nubie et qu'en Abyssinie. Plusieurs reptiles, le varan et le céraste, ce dernier plus connu sous le nom de « vipère cornue », sont communs à l'Égypte et au Sahara. Quant à l'entomologie des deux pays, elle est également très analogue, ainsi que l'ont constaté les recherches les plus récentes.

D'autres animaux semblent plus spéciaux à la région. C'est ainsi que les mouflons et les autruches abondent dans la vallée du Teghazert, tandis que les lions et les sangliers pullulent dans les massifs de talhas et d'étels, aux bords de la rivière.

Le pays des Touàregs offre, d'autre part, des spécimens zoologiques non moins intéressants : le zébu *(esou* en touàreg), ou bœuf à bosse, et le bœuf sauvage ou bubale *(beugr-el-ouahache)*, notamment : ce dernier offrirait des facilités de domestication très grandes ; le premier est également apte à servir de bête de somme et de bête de trait. Citons encore le *tahouri*, grand carnivore de la taille de la hyène, tout à la fois commun au Touât, chez les Touàregs et dans l'Afrique centrale; l'*adjoulé*, sorte de loup fauve, vivant dans les montagnes du Hoggar : et l'*akaokao*, petit mammifères noir à peau extrêmement dure, qui vit dans les ravins des environs de Ghât.

Le beau terrain de chasse ! quels gibiers variés ! que d'émouvantes péripéties ! Dans le poème que nous avons déjà cité, l'émir Abd-el-Kader chante avec enthousiasme ce triomphant passe-temps du Désert.

« Quel charme dans nos chasses, au lever
» du soleil ! Par nous, chaque jour apporte l'ef-
» froi à l'animal sauvage.

» Le jour du *rahil* (déplacement), quand nos
» rouges *haouadedj* (litières) sont sanglés sur
» les chameaux, tu dirais un champ d'ané-
» mones s'animant, sous la pluie, de leur plus
» riches couleurs.

» Sur nos *haouadedj* reposent des vierges :
» leurs *taka* (fenêtres des litières) sont fermés
» par des yeux de houris.

» Les guides des montures font entendre
» leurs chants aigus : le timbre de leur voix
» trouve la porte de l'âme.

» Nous, rapides comme l'air, sur nos cour-
» siers généreux, — leurs *chelils* (voiles) flot-
» tent sur leurs croupes, — nous poursuivons
» le *ouahache*, nous atteignons le *ghézal* (ga-
» zelle). Ils n'échappent point à nos chevaux
» entraînés et aux flancs amaigris.

» Combien de *délim* (mâle de l'autruche)

» et de leurs compagnes ont été leurs victimes,
» bien que leur course ne le cède point au
» vol des autres oiseaux ! »

Mais la gloire des habitants du Sahara, ce sont leurs chevaux et leurs chameaux.

On sait de quelle réputation jouit le cheval arabe. De tout temps, en effet, ce cheval a été chez les Arabes l'objet de la plus grande sollicitude. Tant que dura l'idolâtrie, ils aimèrent les chevaux parce qu'ils leur devaient gloire et richesse : quand le Prophète lui-même en eut parlé avec les plus grands éloges, disant : « Les biens de ce monde, jusqu'au jour du jugement dernier, seront pendus aux crins qui sont entre les yeux de vos chevaux; » quand il les eut appelés, dans son Koran, « le bien par excellence », — cet amour intéressé devint un devoir religieux. Pendant longtemps, les chrétiens ne purent s'en procurer à aucun prix. A ce sujet, le général Daumas cite cette anecdote caractéristique : il a eu la certitude, affirme-t-il, que, dans certains pays musulmans, sur la liste des présents obligés, en regard d'un nom chrétien, le donateur avait mis : *Kidar ala khater el roumi.* « Une rosse pour le chrétien ! » Ces procédés ont changé, forcément, depuis lors.

Quoiqu'il en soit, les bons chevaux arabes se trouvent, de préférence, dans le Sahara, et le nombre des mauvais y est très petit. En effet, les populations qui l'habitent et celles qui les avoisinent ne destinent leurs chevaux qu'à faire la guerre ou à lutter de vitesse ; aussi ne les appliquent-ils ni à la culture, ni à aucun exercice autre que le combat. C'est pour ce motif que, à peu d'exceptions près, leurs chevaux sont excellents.

Ajoutons qu'aucun habitant du Sahara ne possède dix chameaux que lorsqu'il possède un cheval pour les défendre contre les pillards.

Quant au chameau, le rôle considérable qu'il joue dans la vie générale du Sahara mérite bien que nous lui consacrions également quelques lignes. Il faut avoir soin, toutefois, de distinguer le chameau de charge (en arabe *djemel*, en touâreg *amis* ou *touati*) du chameau de course, le véritable dromadaire (en arabe *méhari*, en touâreg *aghelam*), le seul qui nous préoccupe ici.

Le méhari est beaucoup plus svelte dans ses formes que le chameau vulgaire ; il a les oreilles élégantes de la gazelle, la souple encolure de l'autruche, le ventre évidé du *slougui* (lévrier) ; sa tête est sèche et gracieusement attachée à son cou ; ses yeux sont noirs, beaux et saillants ; ses lèvres, longues et fermes, cachent bien ses dents ; sa bosse est petite, mais la partie de sa poitrine qui doit porter à terre lorsqu'il s'accroupit est forte et protubérante ; le tronçon de sa queue est court ; ses membres, très secs dans leur partie inférieure, sont bien fournis de muscles à partir du jarret et du genou jusqu'au tronc, et la face plantaire de ses pieds n'est pas large et n'est point empâtée ; enfin, ses crins sont rares sur l'encolure, et ses poils, toujours fauves, sont fins comme ceux de la gerboise.

Le méhari supporte à merveille la faim et la soif. Si l'herbe est abondante, il passera l'hiver et le printemps sans boire ; en automne, il ne boira que deux fois par mois ; en été, il peut, même en voyage, ne boire que tous les cinq jours. Dans une course de razzia, jamais on ne lui donne d'orge ; un peu d'herbe fraîche au bivouac et les buissons qu'il aura broutés en route, c'est là tout ce qu'il faut à sa chair : mais au retour à la tente, on le rafraîchira souvent avec du lait de chamelle, dans lequel on aura broyé des dattes.

Sa rapidité est extrême. Écoutons encore, sur ce point, le témoignage de l'émir Abd-el-Kader : « Vaisseaux légers de la terre plus sûrs » que les vaisseaux, car le navire est inconstant, » nos méhara le disputent en vitesse à la biche » sauvage blanche ». Enfin, toujours patient et courageux, le méhari, s'il est blessé, ne trahit jamais sa douleur et ne découvre point à l'ennemi le lieu d'embuscade de son maître.

On conçoit qu'un pareil ensemble de qualités ait rendu cet animal cher aux habitants du Sahara : aussi coûte-t-il cinq fois plus que le chameau vulgaire.

Signalons encore, pour terminer l'esquisse

de la faune de cette région, les moutons et les ânes du Sahara. L'un et l'autre ont, notamment chez les Touâregs, subi, d'une façon considérable, l'influence des milieux : ils y sont tous les deux d'une taille remarquable, mais le mouton ne donne déjà plus de laine; c'est un animal à poil, comme dans le Soudan.

Le reste des spécimens zoologiques de la Région Saharienne ne comporte aucun caractères pécial digne d'être noté.

# VIII

## Population du Sahara.

La population indigène du Sahara est comprise presque tout entière sous la désignation générique de *Berbères*. Les écrivains musulmans ont toujours, du reste, appelé du nom de *Beled-el-Berber* la vaste partie de l'Afrique septentrionale qui s'étend de la Tripolitaine à l'Atlantique ; d'où les Européens ont tiré l'adjectif « Barbaresques » pour désigner les États situés sur les bords africains de la Méditerranée, ainsi que leurs habitants.

M. Girard de Rialle a tracé un excellent résumé ethnographique de ces peuples ; nous ne pouvons mieux faire que de le reproduire, en y ajoutant quelques détails qui lui serviront de complément.


I. — Les Berbères de la Tripolitaine et de la Tunisie, soit qu'ils vivent dans la région maritime, soit qu'ils soient répandus dans les oasis du Grand-Désert, tels que celles de Siwah, de l'Aoudjelah, du Fezzan, de Rhot, de Rhâdamès ou Ghadâmès, du Souf, de Ouarglà, du Mzab, du Touât, etc., ne portent d'autres noms que ceux de leurs tribus. Dans le Sahara, ils ont à peu près gardé leur indépendance, bien qu'ils ne soient pas très purs de tout mélange avec les Arabes et surtout avec les Noirs importés comme esclaves du centre de l'Afrique. Dans le Sahel, ils sont soumis d'une façon plus ou moins effective aux gouvernements du bey de Tunis et du vali de Tripoli. Ils vivent côte à côte avec les tribus arabes, desquelles ils se distinguent par leur humeur sédentaire et leur goût pour l'agriculture et le commerce, Les habitants de la grande île de Djerbah, au fond du golfe de la Syrte, sont tous des Berbères : ceux-ci se différencient des Arabes non seulement par les mœurs, mais encore par la religion; ils sont, en effet, comme les Mzabites, de la secte mahométane des Ibadhites, dont le centre est en Arabie, dans l'Oman, et qui se sépare, sur une foule de points de dogme très importants, des Sunnites, dont le chef religieux presque généralement accepté est le sultan de Constantinople, successeur des Khalifes Abbassides de Bagdad.

Partout, du reste, dans l'islam africain, les Berbères passent, avec assez de raison, pour de piètres musulmans. Mal convertis au christianisme à l'époque romaine, ayant conservé toutes leurs superstitions populaires, ils n'adop-

tèrent le mahométisme que pour la forme lors
de la conquête arabe, dans les premiers siècles
de l'hégire. Plus tard cependant, les prédications incessantes de religieux ou *marabouts*
eurent raison de leur indifférence assez mar-
quée en matière de foi, et, depuis le xv° et le
xvi° siècle, les Berbères sont devenus franchement mahométans, non sans rester attachés
pourtant à mille croyances locales d'origine
chrétienne et le plus souvent païenne.

En Algérie, les Berbères sont connus sous le
nom de *Kabyles* ou *Kbaïl*, pluriel de *Kabila*,
« tribu », c'est-à-dire « hommes des tribus ».
Ils habitent plus spécialement les puissants
massifs de l'Atlas; mais, sur la côte, la population mauresque, bien que mêlée à toutes les
races qui ont successivement paru dans cette
région, n'en n'a pas moins une forte dose de
sang berbère dans les veines, et les tribus
arabes du Tell et des Hauts-Plateaux sont
composées les unes de Berbères oublieux de
leur langue et de leur origine, les autres de
métis d'Arabes et de Berbères.

Au Maroc, les mêmes phénomènes ethniques
se sont produits, avec cette particularité, toutefois, que l'élément arabe paraît avoir
une action moins puissante qu'en Algérie.
Dans ce pays, les Berbères sont appelés *Chellouli*. Leurs tribus y sont excessivement nombreuses et puissantes : elles occupent une aire
considérable et descendent bien loin dans le sud,

le long de l'Atlantique. Le général Faidherbe a montré que, celle des *Zénagas* ayant poussé jusqu'au Sénégal, c'est de ce nom que les Européens ont fait celui du fleuve. Ces mêmes Zénagas donnèrent une dynastie au Maroc, celle des Almoravides, qui conquit l'Espagne et s'empara du Khalifat de Cordoue : de là vient que les Sultans du Maroc, chez lesquels le sang berbère s'est toujours mêlé au sang arabe et au sang nègre, se prétendent successeurs du Prophète par les Khalifes Ommiades, au même titre que ceux de Constantinople qui ont hérité des Abbassides au XVI<sup>e</sup> siècle. Au fond, les Maures qui errent dans les tristes espaces situés entre le Sénégal et le Maroc sont des Berbères, que l'islamisme a revêtus d'un très mince vernis arabe.

Les Berbères du nord, — Kabyles et Chellouli — , sont remarquables au point de vue ethnographique par leurs institutions, d'un caractère bien distinct de celui des institutions arabes. La vie municipale constitue pour eux a base de l'existence. Réunis en communes rurales, ils s'administrent eux-mêmes, et n'ont ni chefs ni nobles. Laborieux et économes, au lieu de vaguer sur de vastes espaces peu ou point cultivés, ils travaillent la terre avec passion tout autour des villages fortifiés où se groupent leurs habitations de famille. Leurs mœurs sont simples et honnêtes, et il serait sans doute assez facile, si l'on avait soin de ne pas les choquer dans leurs habitudes, aussi respectables que séculaires, de les amener graduellement à se rapprocher de la civilisation moderne et de la leur faire adopter.

Les Berbères du sud sont les *Touâregs*, qui ont conservé dans une assez grande pureté leur idiome national et, fait curieux! leur écriture propre, qui remonte à l'écriture libyque, provenant elle-même de l'alphabet phénicien importé par les fondateurs d'Utique et de Carthage. Leur langue parlée est un dialecte du berbère, le *targuïa*, dont le général Hanoteau a établi la pureté à côté des dialectes mzabi, chaouïa et kabyle, lesquels sont tous plus ou moins imprégnés d'arabe.

Les Touâregs sont les véritables maîtres du Grand-Désert, dont ils parcourent sans cesse en tous sens les vastes solitudes sur leurs agiles méharis. Ils en sont, à coup sûr, la principale peuplade, et descendent non moins certainement de la race autochtone de l'époque grecque et romaine. Ce fut M. Henri Duveyrier qui les découvrit, en quelque sorte, en 1862; il présenta à Napoléon III quelques-uns de leurs chefs. L'apparition de ces spécimens inconnus d'une grande race causa quelque bruit dans le monde savant : à partir de cette date, de nombreuses missions s'organisèrent pour aller les étudier de près.

Leur nom Touâreg, au singulier *Targhi*, vient du verbe *tharacya* et signifie « voleurs de nuit. » Ils sont répandus au sud de la Tripolitaine, de la Tunisie et de l'Algérie jusqu'à la grande vallée du Niger et se partagent en quatre grandes Confédérations : les *Azdjer* au nord-est, les *Ahaggar* au nord-ouest, les *Aïr* au sud-est, les *Aouélimden* au sud-ouest. Les deux premières sontles plus connues, parce qu'elles servent d'intermédiaires aux caravanes.

Les Touâregs portent constamment un voile, composé de deux pièces d'étoffe : l'une, le *niyab*, couvre le front ; l'autre, le *litham*, masque le reste du visage, sauf les yeux. Malgré les raisons hygiéniques qu'on a données de cette habitude, beaucoup de voyageurs persistent à croire qu'ils l'ont prise afin de n'être pas reconnus dans leurs actes de cruauté et de brigandage : sans cela, disent-ils, comment expliquer qu'ils ne se débarrassent pas la nuit, au repos, de ce voile gênant? Cette objection nous paraît irréfutable, étant basée, d'ailleurs, sur des faits précis qui l'appuient. M. Girard de Rialle nous paraît étrangement prévenu en faveur de ces sinistres routiers quand il affirme qu'ils ne se voilent la face que « pour obvier à » la réverbération du soleil sur les sables et à » l'aspiration des particules siliceuses et sa- » lines qui sont en suspension dans l'atmos- » phère », surtout quand il ajoute : « On a » accusé les Touâregs d'être des bandits ne » vivant que de pillage. La chose est exacte en » partie, quoique leur industrie principale

» consiste dans l'escorte des caravanes qui
» portent les produits du Soudan aux ports de
» la Méditerranée : et, s'ils attaquent parfois
» ces caravanes, c'est, le plus souvent, parce
» que celles-ci leur ont causé un préjudice en
» refusant, disent-ils, d'être accompagnées par
» quelques-uns d'entre eux. Le sort fatal de
» plusieurs explorateurs européens dans ces
» régions, et surtout depuis qu'il est question
» d'un chemin de fer transsaharien, pourrait
» bien avoir une cause analogue ; les Touâregs
» redoutent, vraisemblablement, la disparition
» des caravanes et, par conséquent, celle de
» leur seule industrie. » Cette explication in-
dulgente est par trop excessive. Nous nous
contenterons de rappeler, entre autres faits, le
massacre, sur le territoire des Ahaggar, des
membres de la mission Flatters, escortés
pourtant par plusieurs guides Touâregs. Depuis
longtemps, du reste, le général Daumas avait
signalé la perfidie de ces hommes, absolument
dépourvus de scrupules. Dans le Désert,
déclare-t-il, il n'y a qu'une voix sur leur
compte : « Ils n'ont pas d'amis ! » Toutes les
tribus arabes qui les fréquentent s'accordent
à le constater. Un indigène du Touât disait
même, à ce propos, au général : « Je n'ai rien
» vu de bon chez eux que leur beauté et leurs
» chameaux. Braves, rusés, patients, comme
» tous les animaux de proie, ne vous fiez
» jamais à eux ; ils sont de mauvaise parole.

» Si vous recevez l'hospitalité chez l'un d'eux,
» vous n'avez rien à craindre de lui, sous sa
» tente, ni quand vous serez parti; mais il
» préviendra ses amis, qui vous tueront, et
» ils partageront vos dépouilles. » Inutile d'in-
sister davantage après une pareille déclaration,
que cent faits sont venus, depuis lors, triste-
ment confirmer.

Leurs armes sont: une longue lance, à large
fer; des javelots de six à sept pieds de long,
dont la pointe est dentelée de crocs recourbés
(*taghreda*), qu'ils portent attachés en faisceau
sur le devant de leurs méharis; un bouclier
rond (*darega*), maintenu au bras gauche par
des lanières de cuir, et fait en peau de buffle
ou d'éléphant du Soudan fixée avec des clous
sur une planche. Les guerriers portent également un anneau en serpentine rivé au bras
droit, au-dessus du coude, qui sert, à ce qu'ils
assurent, à donner plus de force au bras pour
asséner un coup de sabre. Une autre arme dont
ils ne se séparent jamais, c'est un coutelas plat
(*deraya*), de la longueur d'une coudée, fixé par
un large bracelet en cuir en dedans de l'avant-
bras gauche, afin que la poignée soit toujours
à la disposition de la main droite sans gêner
aucun mouvement. Les Touàregs préfèrent cet
armement au fusil, qui, disent-ils, « trompe
souvent »: le fait est qu'ils se servent de leurs
instruments de combat avec une justesse éton-
nante.

On a accusé les Touâregs de ne jamais se laver aucune partie du corps, et cela pour les soustraire aux influences extérieures : les ablutions prescrites par le Koran se feraient avec du sable. Ne pouvant être ni agriculteurs, ni industriels, le vol est leur but, le guet-apens leur moyen d'action. Aux yeux des Arabes orthodoxes, les Touâregs, race pillarde qui néglige la forme et croit aux sorciers, passent pour hérétiques : ces superstitieux bandits vont même jusqu'à assigner, au milieu de leurs campements, un territoire aux génies. Du reste, ils prient peu et ne jeûnent point. Leur instruction est nulle ; les livres arabes manquent totalement dans le pays, et les copies du Koran lui-même y sont presque introuvables.

Chez eux, la femme prend part à la gestion des biens et mange en compagnie de son mari, ce qui est contraire à la coutume musulmane.

Comme les esclaves sont chargés des gros travaux, elle se livre à des occupations faciles, tisse des vêtements, confectionne des tapis, dessine des amulettes ou chante, au son des instruments, des mélopées guerrières dont le thème invariable est l'encouragement à la razzia. Bien plus, les femmes touâregs vont la figure découverte : elles sont très belles et très blanches, « blanches comme une chrétienne ». Quelques-unes ont les yeux bleus, et c'est là un genre de beauté fort admiré dans leur tribu. Toutes sont très sensuelles et très faciles.

Leur costume consiste en un pantalon de saïe noire, une robe large de même étoffe et de même couleur, et une sorte de coiffe. Les plus riches se chargent de bijoux: les autres n'ont pour tout ornement que des bracelets en corne aux avant-bras. De même que les hommes, ces femmes portent toutes au cou des colliers de talismans.

L'organisation politique est rudimentaire: les questions générales et les différends se traitent dans des assemblées auxquelles assistent seuls les guerriers et qui se tiennent sur un terrain neutre, sous la présidence d'un chef renommé par sa sagesse et sa bravoure. Après que le chef a donné son avis, les guerriers opinent chacun à leur tour, et ils sont écoutés avec tous les égards que méritent leur âge, leurs exploits ou leur éloquence. L'avis émis déplaît-il à la majorité? Elle le repousse par un murmure. Est-il goûté? Chacun frappe son bouclier de sa lance. Parfois aussi, les criminels sont déférés à ce conseil de la nation. Quand un individu est soupçonné de vol au préjudice de ses congénères, on lui comprime la tête entre les deux parties d'une pièce de bois fendue jusqu'à ce qu'il avoue. Les adultères sont attachés dos à dos, et enterrés vifs. L'exil est la punition du parjure. On voit que, là encore, les loups ne veulent pas se laisser dévorer entre eux. De plus, et en dépit du Koran, le meurtrier peut entrer en arrangement avec

les parents de sa victime et s'acquitter en livrant
un certain nombre de chameaux.

Tel est, dans son ensemble, le tableau exact
des trois groupes principaux de population que
comprend l'appellation générique de « Berbères. » Ces hommes sont, nous le répétons,
les seuls maîtres du Sahara. Nous aurions bien
encore à nous occuper de la question de leurs
origines, au sujet desquelles on a produit un
certain nombre de théories ; mais cette question
nous ramènerait à celle des races libyennes et
à l'examen des éléments ethniques qui ont
concouru à la formation de la population ancienne de l'Afrique du nord, ce qui nous entraînerait en dehors du cadre que nous nous
sommes imposé.

II. — A côté des différents groupes berbères,
il existe encore, pourtant, d'autres nomades
dans le Sahara, principalement dans la portion
sud-orientale. Là, règnent les *Tibbous*, divisés
également en nombreuses tribus et rançon-
nant, à l'exemple des Touàregs, les caravanes
qui traversent le Désert. Ces Tibbous sont
minces et lestes ; ils ont le visage spirituel ;
quant à leur agilité, elle est passée en proverbe.
Celles de leurs tribus qui habitent la partie
méridionale du Fezzan ont des mœurs paisibles,
mais celles de l'intérieur vivent, avant tout, de
pillage. Les Tibbous font sans cesse des incur-

sions chez leurs voisins. Ils n'ont pas précisé-
ment les penchants cruels, mais ils passent
pour les voleurs les plus impudents que l'on
puisse imaginer. La plupart sont musulmans.

Ils ne se couvrent pas la tête, et sont vêtus
de peaux de bêtes. Quelques-uns se procurent
chez les peuplades voisines de grosses toiles,
dont ils portent un morceau par devant et un
autre par derrière, le tout descendant jusqu'aux
genoux. D'autres même n'ont pour tout vêtement qu'une enveloppe de cuir autour des reins.
Ils demeurent dans des creux de rochers ou
dans de misérables cabanes d'herbe. Grâce
à la vitesse de leurs chameaux, ils peuvent, en
une journée, parcourir de très grandes distances,
ce qui leur donne la facilité de changer constamment de demeure.

Tous, hommes et femmes, aiment immodé-
rément le tabac : leur bouche en est presque
toujours remplie. Toutefois, leurs dents sont
blanches, parce que, après chaque repas, ils
les nettoient soigneusement.

Leur pays, qui produit beaucoup de dattes,
est rempli de rochers isolés et de blocs erratiques
de formes singulières jetés au milieu des plaines
sablonneuses. Leurs flèches et les grosses pierres
qu'ils font rouler du haut des collines leur
donnent le moyen d'éloigner tout ennemi qui
est, comme eux, dépourvu de fusils. En rase
campagne, ces hommes s'arment chacun généralement de trois javelots légers, d'une lance, d'un

poignard, d'une épée et d'une sorte de dard
très meurtrier. Malgré tout cet attirail guerrier,
on assure que les Tibbous qui habitent le Désert
du côté du Borgou sont fort timides, surtout
en présence des armes à feu.

Les tribus tibbouses ne vivent guère que de
dattes et de chair de leurs troupeaux. On n'y
cultive que bien peu de blé, et, d'ailleurs, on
y ignore l'art de faire du pain. Parfois les Tibbous enlèvent pendant la nuit, quelque chameau qu'ils mangeront tout entier avant l'aube
du jour. Les grains de la coloquinte *(khandal)*
forment, en outre, un article essentiel de la
nourriture de ces nomades : le voyageur Lyon
affirme que ces graines ont un goût agréable,
complètement exempt d'amertume.

Les femmes sont minces et bien faites, et
leur costume leur sied à merveille. Elles ont
le nez aquilin, les dents belles, les yeux vifs,
les lèvres semblables à celles des Européennes :
quant à leur teint, il est du noir le plus brillant.
Elles se tiennent droites, et leur démarche est
très gracieuse.

Beaucoup de bracelets, de colliers, de chaî-
nettes, de boucles d'oreille et un morceau de
corail fixé dans la narine droite complètent leur
toilette d'extra. Un grand pagne de coton
bleu ou rayé est attaché au-dessus d'une épaule
en travers de la poitrine, tombant en plis gracieux
et de manière à laisser voir le dos, le sein et le
bras droit. Ce vêtement, très court, ne cache la

Femme tibbouse.

jambe que jusqu'au jarret. Toutefois rien de plus modeste que l'air et le maintien de ces femmes.

Les Tibbouses ne cachent pas leur visage comme les femmes arabes. Elles se conservent beaucoup plus longtemps, sont plus propres, meilleures femmes de ménage, et prennent grand soin de leurs enfants, dont elles ont toujours, du reste, un grand nombre. Il paraît que leur principale occupation est de fabriquer des paniers ou des jattes pour boire en feuilles de palmier ; ustensiles fort recherchés dans le Fezzan. Quant aux enfants des deux sexes, ils vaguent entièrement nus.

La musique de ces nomades consiste principalement en tambours (*gougan*) faits de troncs de palmiers creux, sur lesquels une peau est tendue à chaque extrémité : on frappe sur l'une avec une baguette, et sur l'autre avec la main. Ils possèdent encore une espèce de cornemuse grossière et deux ou trois sortes de tambourins.

En se revoyant après une longue absence, les Tibbous ne se prennent pas la main comme les Arabes, mais s'accroupissent à une certaine distance l'un de l'autre et, tenant leurs lances à la main droite, se tournent le dos en répétant pendant quelque temps : « *La ! la ! la ! la ! la ! la !* » C'est leur façon de saluer. Ensuite, ils se relèvent et, s'approchant l'un de l'autre, entrent en conversation.

Ces peuples parlent très vite. Leur langue, qui est pleine de labiales, est agréable à l'oreille et ne ressemble nullement aux idiomes nègres. Par malheur on n'a pas pu encore l'étudier sérieusement.

III.—Quant aux autres tribus nomades,—en petit nombre et d'un chiffre restreint chacune, du reste, — jusqu'à présent on ne possède sur elles que des renseignements vagues. Leurs noms mêmes, tels qu'ils sont parvenus jusqu'à nous, paraissent défectueux.

On estime la population totale du Sahara à un peu plus de deux millions d'habitants.

# IX

## La traite des esclaves

Avec des éléments de population aussi primitifs et, surtout, aussi réfractaires que ceux-là à toute idée de civilisation, — au moins de civilisation telle que nous la comprenons sur notre vieux continent européen, — il ne faut pas s'étonner que la steppe immense du Sahara soit demeurée, de nos jours encore, l'un des derniers et des plus inexpugnables refuges du honteux commerce de la « traite ». Aussi bien, du reste, cet abominable négoce s'opère à ciel ouvert dans tout le centre de l'Afrique: la chair humaine s'y cote comme une simple marchandise vivante, comme un bœuf ou comme un cheval, un peu moins, — voilà tout !

La France et l'Angleterre, notamment, s'efforcent de réprimer énergiquement, autant que possible, une pareille exploitation ; en réalité, tous les croiseurs de l'Europe, pendant de longues années encore, n'y pourront rien, tellement les musulmans d'Afrique sont assurés de débouchés certains pour cet immonde trafic.

En ce qui nous concerne personnellement, nous n'avons pas gagné autre chose à cette répression, dont l'humanité nous faisait un devoir strict, que de détourner, peut-être irrémédiablement, des marchés sud de notre possession algérienne le cours normal des caravanes, lesquelles, depuis lors, vont tranquillement déverser leur chargement de Nègres dans les bazars, plus tolérants, de Tripoli ou de Fez.

Les caravanes, en effet, sont de grandes propagatrices de ce genre de commerce : il n'en est pas une seule qui, à son retour. du Soudan, ne ramène au moins quelques centaines d'esclaves noirs, pour lesquels elle a troqué la meilleure part des marchandises qu'elle emportait. Le bénéfice qu'on en retire en vaut, d'ailleurs, la peine. Veut-on un spécimen de quelques prix? Sur le marché de Kano, par exemple, un bon esclave mâle, dans toute la force de l'âge, peut valoir de 80 francs à 120 francs, et une belle jeune fille en possession de tous ses avantages physiques de 200 francs à 250 francs ; par contre, un cheval médiocre varie entre 2,500 francs et 3,000 francs, c'est-à-dire qu'il vaut dix ou douze fois plus que la plus jolie fille d'Ève, vingt ou trente fois autant que le mieux doué des fils d'Adam ! Après cela, on concevra aisément que les trafiquants des caravanes fassent commerce d'esclaves dont le rapport les enrichira. En outre, les Arabes n'ont sur cette triste question aucun préjugé religieux, humanitaire ou

politique analogue à ceux que nous ressentons
en Europe. Pour toutes ces causes, et pour
d'autres encore inutiles à développer ici, la
traite ne disparaîtra pas de sitôt dans le Grand-
Désert. Si nous parvenons à établir une voie
de communication permanente entre El-Goléâh
et Tin-Boktou d'une part, entre Tin-Boktou et
Saint-Louis d'autre part, les caravanes et leurs
traitants se contenteront de prendre une autre
route, et le Désert est assez vaste pour leur
assurer la paisible continuation de leurs productives habitudes.

Rien d'aussi douloureux à contempler que
la trace, à travers le Désert, des caravanes qui
le sillonnent. Des milliers de cadavres en ja-
lonnent le parcours. Du Hoggar au Soudan, à
peine peut-on faire un mille sans rencontrer un
squelette, reste défiguré de quelque pauvre
enfant du Niger ravi à sa patrie, à sa famille,
conduit captif à travers les sables, et dont la
mort a brisé les liens.

« C'est autour des puits surtout, rapporte le
voyageur anglais Oudney, que le terrain est jon-
ché de ces déplorables témoignages de l'avarice
et de la cruauté de l'homme. Là, les malheureux esclaves, épuisés de soif et de fatigue, se
sont couchés pour ne plus se relever. Ces infortunés sont traînés à travers les déserts avec
moins de soins et de précautions que, chez nous,
les troupeaux conduits aux abattoirs. Souvent
l'eau manque, et rarement la provision de

vivres est assez forte pour nourrir tout le monde durant le long et pénible voyage. Une partie de ces cadavres reposent sur la roche nue, d'autres sur une petite couche de sable amassée autour de leurs flancs racornis et momifiés par l'action d'une atmosphère et d'un sol remplis d'émanations alcalines. Beaucoup de ces squelettes ont une main posée sous la tête; chez beaucoup d'autres, elles le sont toutes les deux, comme si au dernier moment de l'agonie elles avaient cherché à presser le siège de la pensée dans une étreinte suprême: protestation muette, mais terrible, contre le commerce de l'homme par l'homme, et qui éveillait en nous de pénibles réflexions en nous rappelant que ces horreurs, dont la traite a semé le Désert, ne peuvent encore se comparer à celles dont, depuis trois siècles, les négriers d'Europe ont épouvanté l'Océan. »

Citons encore l'épisode suivant du voyage du célèbre major Denham :

« Un soir, après une longue journée de vingt-sept milles, durant laquelle nous n'avions cessé de voir de ces débris humains, épars le long de la route et mutilés de la manière la plus révoltante, nous assîmes notre camp près d'un puits autour duquel je comptai plus de cent squelettes: la peau tenait encore à quelques-uns; mais nul n'avait songé à jeter un peu de sable sur ces déplorables restes. L'horreur que je manifestai excita le rire des Arabes.

» — Bah! s'écrièrent-ils, ce n'étaient que des Nègres. Malédiction sur leur pères!

» Puis, avec la plus grande indifférence, ils se mirent à remuer ces ossements du bout de leurs fusils en disant:

» — Ceci était une femme! ceci était un jeune homme!

» La majeure partie des infortunés dont les restes frappaient nos regard avaient formé, l'année précédente, le butin du sultan du Fezzan, revenant d'une razzia dans le Ouadey. Au départ, on ne s'était assuré que d'un quart de ration par individu, et il en mourut plus de faim que de fatigue. Ils marchaient enchaînés par le cou et par les jambes; les plus robustes seulement atteignirent le Fezzan dans un état complet d'émaciation et de faiblesse: on les y engraissa pour le marché de Tripoli.

» Un des squelettes que nous rencontrâmes le lendemain paraissait encore tout frais; sa barbe tenait au menton, on distinguait ses traits. Un marchand de la caravane s'écria en le regardant:

» — C'était mon esclave! Il y a quatre mois, je l'ai laissé malade près d'ici.

» — Eh! vite, vite, s'écria un Arabe facétieux, mène-le au marché de peur qu'un autre ne le réclame.

» Et ces mêmes Arabes, quelques heures

après, à la vue d'une femelle de chameau qui venait d'expirer sur la route, s'abandonnèrent à la plus étrange consternation; et chacun d'eux de s'écrier :

» — J'aurais mieux aimé perdre un enfant ou trois esclaves! »

Faut-il beaucoup d'épisodes et de paroles semblables pour caractériser davantage cet usage abominable? Nous pensons que ce qui précède suffit.

Eh bien! en dépit de la répression des puissances européennes, la traite des esclaves s'étale toujours librement sur la carte d'Afrique. Chose plus triste à avouer, nous n'avons pas encore pu réussir à l'extirper ni chez les tribus Maures soumises par nous au Sénégal, ni chez les tribus arabes de notre Sahara algérien! Les trafiquants se cachent, mais leur marchandise n'en pullule pas moins. Les Nègres soudaniens restent les serfs de la glèbe dans les régions extrêmes de nos deux grands territoires africains.

Le bétail humain n'a point, du reste, haussé de prix: les chefs de caravane se vantent hautement de pouvoir se procurer, dans le Soudan, autant d'esclaves qu'il leur conviendra pour le prix d'un burnous chacun.

Veut-on, au surplus, l'impression récente d'un voyageur français sur cette question? Nous empruntons à M. Auguste Choisy, ingénieur chargé en 1879 et 1880 d'une mission officielle dans le Sahara, les détails qui vont suivre sur l'esclavage à El-Goléâh.

Voici un fragment typique de conversation entre le voyageur et un Arabe aisé de l'oasis :

« — Il est à toi cet esclave qui se lève et s'éloigne ? — Oui. — En est-tu content ? — Non : tout à l'heure, il m'a dit qu'il voulait me quitter pour vous suivre. — Et s'il te quittait ? — Je mourrais. — Tu mourrais ? — Oui ; qui donc tirerait de l'eau pour arroser mon jardin ? — Hé ! toi-même !

» Notre homme prend la réponse pour une plaisanterie ; peu s'en faut qu'il n'y voie une impertinence. Je continue pourtant : — Lorsqu'il te désobéit, ton Nègre, que fais-tu ? — Je le bats tant, qu'il faut bien qu'il travaille : c'est la règle, on les bat jusqu'à ce qu'ils soient sur le point de mourir ; mais, ajoute-t-il en relevant la tête comme pour faire profession de quelque haute doctrine humanitaire, mais on ne les tue pas ! — On ne les tue pas, interrompt un Zennati. Moi, je vis avec mon esclave comme un frère...

» — Ne croyez pas d'ailleurs, ajoute M. Choisy, l'esclave nègre entièrement privé de famille : on lui achète une négresse. »

Parfois, un Goléen affranchit son esclave à la condition que de païen celui-ci se fasse musulman : son maître arrange ainsi ses intérêts avec sa conscience ; à ses yeux, les services de son esclave n'auront été que la juste in-

demnité des sacrifices qu'il est censé s'être
imposés pour initier ce malheureux à la loi
du Prophète. Toutefois, on a soin que les af-
franchissements soient aussi rares que possible.

Autre fragment de conversation entre le
voyageur français et un dévot Goléen.

« — Ainsi donc, acheter un esclave et le
rendre libre est une bonne action qui compte
pour le ciel? — Bonne entre toutes. Dieu n'oublie pas le riche croyant qui donne la liberté à
son esclave. — Et toi, qui as un esclave, lui
donneras-tu la sienne pour que Dieu songe à
toi, à ton tour? — Ah! moi, reprend mon
docteur musulman avec un air de tartuferie
adorable, ah! moi je ne suis pas assez riche. »
Comme quoi, dans l'islamisme même, il y a
loin des principes à la pratique.

A tout prendre, et faisant la part de l'exagé-
ration, le Nègre vit mal; mais son maître vit-il
bien mieux? Mais la question de l'esclavage
est une question de principe, et c'est pour cela
qu'on veut en précipiter la solution.

# X

## Le commerce du Sahara.

Le Sahara, malgré ses dunes, ses solitudes et sa réputation déplorable, est le siège d'un mouvement commercial d'une certaine importance. Dans la partie sud de l'Algérie, la population est presque entièrement nomade. En hiver et au printemps, les tribus, trouvant un peu d'eau et quelque végétation dans les landes du Sahara, conduisent leurs troupeaux de pâturages en pâturages jusqu'à la fin du printemps. A cette époque, les puits tarissent, les plantes se dessèchent, tandis que dans le Tell les blés sont mûrs. Les tribus passent alors dans les villes du Sahara, où sont déposées leurs marchandises, leurs dattes, leurs étoffes de laine, produit du travail des femmes. De tout cela elles chargent leurs chameaux et marchent vers le nord, emmenant femmes, troupeaux et tentes, et passent dans le Tell, où elles séjournent pendant tout l'été. Là, elles échangent les dattes et les tissus contre les céréales, la laine brute et les moutons. A la fin de l'été, elles reprennent la route du Désert, marchant à petites journées, comme elles sont venues, et se retrouvent dans le Sahara au milieu d'octobre, à l'époque où les dattes sont mûres.

Indépendamment de ces échanges avec le Tell, le sud de l'Algérie entretient, par caravanes, des relations suivies avec la Tunisie, le Maroc et l'Afrique centrale. Il reçoit de la Tunisie les objets de mercerie et de parfumerie, les étoffes de soie et les foulards, les cotonnades d'Europe, des armes et du soufre; le Maroc lui expédie des cuirs, des chaussures, du fer, des articles de mercerie, de la terre à foulon (*tfol*) employée comme savon, les peignes de femmes, des étoffes de soie, des chevaux. En échange des dattes, des moutons, des tissus de laine, du corail, il reçoit de l'Afrique centrale la poudre d'or, la noix de gourou, les plumes d'autruche, les peaux de buffle, les dents d'éléphant, la toile bleue et les gommes du Soudan, le serrin, plante odorante très recherchée parmi les Touâregs. Qui peut dire ce que deviendront ces pays, lorsque des puits assez multipliés auront rendu habitable le Sahara, en faisant surgir des oasis à quelques lieues de distance les unes des autres, lorsque du Tell on pourra passer dans la vallée du Niger par le Transsaharien et de la vallée du Niger dans notre colonie du Sénégal?

Ce sont les Touâregs, ces brigands redoutés et si généralement détestés dans le Sahara, qui font presque tous les échanges des produits de l'intérieur avec la région du nord-est. Ils fréquentent ouvertement et souvent isolément, sans paraître se douter des représailles qu'on serait en droit d'exercer à peu près partout contre eux, les marchés du Tidikelt, d'Agabli, d'Aoulef, de Ghadâmès, etc., où ils apportent du pays des Nègres tout à la fois des esclaves et des marchandises du centre, notamment des peaux tannées pour faire des tentes, des espadrilles dont les semelles sont inusables, des saïes, du poivre rouge, et ce fruit du *daoudaoua* que l'on pétrit en galette et qui, séché au soleil, a, dit-on, le goût de la viande. Ces hardis coureurs font le même métier sur la lisière sud du Désert; mais là ils changent d'appellation : on les nomme *Sergous* à Tin-Boktou, et *Kilouans* dans le Bernou et à H'aouça.

La région occidentale du Grand-Désert est la plus importante à étudier, puisqu'elle sert d'espace de séparation entre l'Algérie et le Sénégal. A ce point de vue, les recherches patientes de M. Sabattier sont d'une utilité pratique qu'on ne saurait méconnaître, principalement les renseignements qu'il a su adroitement tirer du voyageur arabe Mahomed-ben-Mohamed. Cet indigène touâti lui a fourni des notes détaillées sur les routes de Zaouïa-Kounta à Timadanin, de Timadanin à Aquabli, d'Aquabli à Aïn-Sâlah. Il a donné également des renseignements précieux sur le Blad-Aoulef, pays grand producteur de dattes, et sur le Blad-Reggan. Ce sont les cotonnades qui constituent le principal objet de commerce ; viennent ensuite les quincailleries, les cordes, le papier, le beurre, l'huile, etc. Un sac de beurre (fait en peau de mouton) se paie 100 francs, le même sac d'huile 150 francs. Les cotonnades s'y vendent trois ou quatre fois plus cher qu'en Algérie, et c'est avec Tripoli principalement qu'il y existe des relations commerciales un peu suivies. Les dattes s'y vendent 25 francs la charge de chameau, c'est-à-dire les 200 kilogrammes. Enfin, on y rencontre des acacias gommiers (*talhas*). M. Sabattier a fait observer très justement qu'il existe une concordance presque absolue entre les renseignements provenant du guide arabe et ceux relevés dans la relation de M. Barth, sauf pour une petite partie de l'itinéraire occidental suivi par ce dernier.

Ces renseignements sont encore peu de chose, mais ils suffisent, tels qu'ils sont, à démontrer quel profit il y aurait pour la France à entretenir des relations suivies avec la féconde et salubre contrée du Soudan. Les intérêts de notre commerce national, ceux même de notre politique coloniale nécessitent le prompt rattachement de ce pays à la France. Mais de quelle façon ? Par la voie des caravanes le trajet le plus rapide des marchandises durerait deux mois et demi. De là le grandiose projet de

M. Duponchel d'un chemin de fer transsaharien qui relierait Alger à Tin-Boktou en passant par Boghâr, Tàguin, Laghouât, El-Goléâh, le Touât, puis, traversant le Désert directement de Taourirt à Bamba, sur le Djôli-Bà ou Niger, pour contourner ensuite à l'ouest. Ce n'est point une conception fantastique. Le Sahara propre n'est pas, comme celui d'Algérie, une mer émergée : l'ossature rocheuse de sa partie occidentale, qui se continue jusqu'au Niger, offre un fond dur et résistant, dont les dunes de sable, bien loin de former la totalité de sa surface, n'occupent tout au plus que la neuvième partie. La principale préoccupation des ingénieurs serait donc de garantir le tracé, sur le parcours des dunes qui, dans cette région, n'excèdent pas 30 mètres de hauteur, par des « parasables », ou tunnels en charpente, dont la longueur est évaluée à 40 kilomètres seulement. D'Alger à Tin-Boktou, la distance est de 2,544 kilomètres. Il est, en outre, à peu près établi que les sources souterraines ne manqueraient pas à 50 kilomètres environ de la voie projetée. Un refoulement d'eau à ces distances n'aurait rien d'extraordinaire. De Tin-Boktou le chemin de fer remonterait le cours du Niger, puis, l'abandonnant bientôt, franchirait le faîte qui le sépare du Sénégal pour aboutir, finalement, à Saint-Louis. De Tin-Boktou à Saint-Louis, l'écart n'est plus que de 1,100 kilomètres. Longueur totale de la ligne : 3,644 kilomètres.

Ces évaluations établies, il restait à obtenir des documents techniques suffisamment précis pour servir de base à une décision définitive. De là la nécessité de missions scientifiques, partant des deux points extrêmes opposés pour converger au point principal. Aussi, tandis que, au sud-ouest, plusieurs voyageurs se dirigeaient de Médine sur Ségou et Tin-Boktou, du nord, partaient divers explorateurs pour tenter également soit d'atteindre la capitale du Soudan, soit pour étudier la géographie commerciale des différentes zones du Sahara. Nous allons analyser sommairement les plus récentes entreprises de ce genre.

## XI



Le premier Européen qui pénétra dans l'intérieur de l'Afrique fut le Portugais Jean Fernandès, écuyer du prince Henri le Navigateur.

En 1445, il voyagea pendant sept mois avec les tribus nomades du Sahara; il écrivit une relation des pays qu'il avait parcourus, des mœurs des habitants, etc. Les particularités de son récit présentent beaucoup d'analogie avec celui de Mungo-Park.

Nous avons tenu à rappeler ici le nom de cet intrépide initiateur, qui mérite d'être sauvé d'un injuste oubli. Mais on conçoit que nous ne puissions mentionner les noms de ceux qui, depuis cette date relativement reculée, se sont lancés à sa suite dans la recherche de l'inconnu : un pareil travail dépasserait les limites du cadre que nous avons dû nous imposer. Nous nous bornerons à nos contemporains, lesquels, bénéficiant utilement des courageux efforts de leurs devanciers et du progrès des sciences, ont enfin réussi à soulever, en partie, le voile mystérieux qui, depuis tant de siècles, maintenait dans une ombre trompeuse le Grand-Désert et ses habitants.

On sait que les courants commerciaux qui traversent le Sahara se réduisent, actuellement, à deux : l'un, à l'est, se déversant sur Tripoli et Malte ; l'autre, à l'ouest, aboutissant au Maroc par les oasis d'Aïn-Sâlah. Mais ces deux routes se trouvant sous le protectorat du Maroc et de la Tripolitaine, la seule qui reste encore franchement ouverte à notre action politique est l'an cienne voie commerciale des États Barbaresques au Soudan par Ouarglà, le Hoggar et les salines d'Amadghor : c'est donc vers ce dernier parcours que nos explorateurs doivent tourner leurs regards ; c'est, surtout, le concours des Touâregs de cette région qu'ils doivent acheter à n'importe quel prix, ceux de l'Azguer étant devenus, depuis 1875, tributaires des Turcs.

Vers la fin de décembre 1873, M. Paul Soleillet tentait de nouer des relations commerciales avec les tribus hostiles qui avoisinent notre colonie algérienne. Prenant Laghouât pour point de départ, gagnant le Touât par le Mzab, il arrivait le 6 mars 1874 à l'oasis d'Aïn-Sâlah, son principal marché. Située à moitié route de Tin-Boktou, c'est là le point central du transit qui s'effectue aujourd'hui entre le Soudan et Tripoli ; sa position astronomique est déterminée par 27° 11′ 30″ de latitude nord et

0° 29′ de longitude ouest. Mais la défiance des indigènes lui ferma la route au delà et le contraignit de revenir sur ses pas. Au mois d'avril suivant, MM. Dournaux-Dupéré et Joubert, prenant une direction opposée, essayaient, à leur tour, d'atteindre Tin-Boktou par Tuggurt, Ghadâmès et Ghât; mais bientôt, entre ces deux dernières villes, ils étaient assassinés par une bande de Chambâas. La haine persistante des populations sahariennes contre la France conquérante et des hostilités européennes intéressées avaient déterminé ce double insuccès.

Toutefois, ces difficultés prévues ne devaient point refroidir le zèle des explorateurs. Du 6 janvier au 4 avril 1875, M. Largeau se rendait, lui aussi, à Ghadâmès par Biskra, faisant dans ce trajet une véritable découverte, celle du bras occidental de la vallée de l'Igharghar : cette vallée se divise, par 31° 25′ de latitude nord, en deux bras qui, après s'être écartés de manière à laisser entre eux une sorte de grande île sablonneuse, se réunissent sous les dunes de Ghourd-Seyyâl, par 32° 28′. M. Dupéré n'avait, précédemment, révélé que l'existence du bras oriental de ce fleuve, qui vient se jeter en Tunisie dans la lagune de Mel-R'ir et qui n'est, probablement, que le lit de l'ancien Triton. M. Largeau a pu constater, en outre, que le dessèchement progressif des grands cours d'eau africains, lesquels arrosaient encore des terroirs fertiles à une époque peu reculée, n'est dû qu'au déboisement des plaines et des plateaux par les pasteurs arabes : sur la couche végétale désagrégée, les roches, mises à nu, se sont désagrégées également pour former les sables qui, soulevés par les vents et arrêtés par les reliefs du terrain, se sont ensuite soudés par les pluies. Le hardi explorateur obtint encore un autre résultat : les commerçants de Ghadâmés se déclarèrent, après l'avoir entendu, convaincus de l'utilité de rétablir, entre la Nigritie et l'Algérie, le mouvement d'affaires qui existait il y a plusieurs siècles. M. le général Chanzy a été, jusqu'à présent, le seul gouverneur qui ait compris l'avenir réservé à l'ouverture d'un pareil débouché. C'est donc pour faciliter son intelligente bienveillance que M. Largeau repartit de nouveau pour Ghadâmés, au mois de novembre suivant, avec MM. Louis Say et Lemay ; mais, cette fois, il essaya de se diriger par Tuggurt sur l'oasis du Soûf. Des incidents imprévus le contraignirent à modifier sa marche par Berreçot et les sables dangereux des Areg. Néanmoins, cette seconde mission réussit comme la première.

L'année suivante, un médecin allemand, M. Edwin de Bary, tentait d'explorer le mystérieux massif du Hoggar, en plein pays des Touâregs indépendants. Parti de Tripoli le 29 août 1876, il traversait, à Oubâri, la dernière oasis de l'Ouâdi-Lajâl, gagnait Rhât, puis les lacs d'Imîherô, situés sur le Tassili, dans le haut de la vallée de Tikhâmmâlt. Dans la dernière partie de ce parcours, la végétation est extrêmement puissante. Le docteur de Bary voulut ensuite se diriger sur l'Aïr, dans la direction d'Amadghor; mais le cheik des Kêl-Owi le contraignit bientôt à revenir sur ses pas : le 1er octobre 1877, il rentrait à Rhât et, le lendemain, mourait empoisonné. Le 24 mars précédent, l'infatigable M. Largeau avait entrepris également de pénétrer dans cette même région, mais par une voie différente. C'est encore de Biskra qu'il partait pour visiter tour à tour l'Ouâd-Righ, Tuggurt, Ouarglà et Hassi-ez-Zeméilah; il ne put, toutefois, arriver à Aïn-Sâlah, dont le sultan du Maroc venait de défendre l'entrée aux chrétiens. Des bandes de Touâregs-Hoggar et de Chambâas s'étant mises à sa poursuite, il revint sur Ouarglà par un autre chemin. Pendant ce temps, M. Louis Say poussait intrépidement, par une route parallèle, jusqu'à Timâssanin, où le dévouement des Touàregs-Ifôghâs, nos alliés, le protégeait contre les tentatives meurtrières des Chambâas, perpétuellement en révolte contre l'autorité française.

Ajoutons que, dans l'hiver de 1879-1880, M. Pouyanne, parti d'Oran pour le Touât, en passant par l'Ouâd-Guir, se voyait également contraint de s'arrêter à Tiout, par suite de l'attitude des tribus marocaines et la défection des Douï-Menias, qui lui servaient d'escorte.

Seul, à la même date, M. Choisy, parti à la destination de Ouarglâ, réussit à rapporter des données précises sur les moyens de relier cette position aux lignes algériennes.

La dernière et la plus retentissante mission est celle du lieutenant-colonel Flatters. Elle comprend deux phases distinctes.

Dans la première, partie de Biskra le 7 février 1880 avec 115 hommes, dont 22 Européens, et de Ouarglâ le 5 mars, elle arrivait à Timassinin le 30 du même mois, puis au lac Menkhough le 16 avril, après une exploration d'environ 1,200 kilomètres, et revenait à Laghouàt le 3 juin suivant. Chose étrange! des explorateurs français n'avaient appris que dans le Désert, pour la première fois, que Rhàt était, depuis 1875, occupé par les Turcs! M. l'ingénieur Roche a publié les résultats de ce voyage. Il a pu constater que le tracé du chemin de fer offrirait les plus grandes facilités jusqu'à Amadghor, qu'aucune dune n'est à couper dans le massif de l'Erg jusqu'à El-Biodh, que le Sahara fournit de l'eau en suffisance pour tous les besoins de ce grand œuvre, et qu'aucun travail d'art n'est nécessaire dans tout ce trajet. Le manque de houille constituera la seule difficulté réelle, et le combustible devra être transporté depuis la côte. Mais M. Roche fait entrevoir, à ce propos, qu'on réussira peut-être à remplacer la houille par la chaleur solaire à l'aide d'un intermédiaire, par exemple l'air comprimé : dans le Sahara, l'application de cette chaleur serait plus facile que partout ailleurs. Enfin, il y a lieu de supposer, d'après la géologie de la région, que ces facilités de construction se rencontreront jusqu'au Soudan. La seule étude approfondie qui reste encore à faire est donc celle du massif central du Hoggar et de ses diverses vallées.

C'est pour la mener à terme que M. Flatters entreprit, sept mois après, sa seconde expédition, mais dans des conditions bien différentes, Composée de dix Européens et de quatre-vingt-cinq indigènes, elle prenait, cette fois, l'aspect paisible d'une caravane de marchands. Son but n'était plus d'atteindre Tin-Boktou, pour arriver de là au Sénégal : M. Flatters voulait se rendre au golfe de Guinée. C'était donc un tout autre plan. Quittant Laghouàt le 24 novembre et parvenant à Amadghor le 29 janvier 1881, la mission avait marché sur Assiou pour gagner de là Agadès, capitale de l'Aïr, puis Sokoto, capitale du Haoussia. Le 16 février suivant, les voyageurs étaient massacrés complètement à quelques jours de distance d'Assiou, par un corps de Touàregs-Hoggar.

Nous croyons devoir reproduire ici le « journal de route » relatant les derniers jours de cette malheureuse mission Flatters. Les horribles détails qu'il renferme sont, en quelque sorte, le complément nécessaire du tableau que nous retraçons du Sahara. Ils sont le résultat de la remarquable enquête dirigée à Laghouât par M. Massoulier, chef du bureau arabe de Djelfa.

« *Lundi 21 mars 1881.* — Il ne reste plus qu'un chameau. On décide que le maréchal des logis Pobéguin, toujours hors d'état de marcher, prendra l'animal pour gagner le prochain puits et le renverra aussitôt son arrivée, afin qu'on puisse transporter les bagages. Le maréchal des logis part, accompagné de quelques hommes; il s'arrête à quelques centaines de mètres du puits.

» Un homme va au puits, lui rapporte de l'eau; il envoie le tirailleur El-Mokhtar pour ramener le chameau auprès de ses compagnons en arrière. Ceux-ci, las de voir qu'on ne ramenait pas l'animal, se mettent en marche, et, en arrivant, font des reproches à leurs camarades, qui ne leur ont pas envoyé le chameau, ainsi qu'il a été convenu. Ceux-ci assurent qu'ils ont confié l'animal à El-Mokhtar pour le leur reconduire. On s'aperçoit bientôt que le tirailleur Abd-el-Kader-ben-Ghorieb, qui avait pris les devants, a disparu; on comprend alors que lui et El-Mokhtar sont partis emmenant le dernier chameau.

» Pobéguin envoie aussitôt les deux hommes les moins fatigués aux environs pour tâcher de les atteindre; il leur ordonne de tuer les coupables, s'ils les rejoignent, et de ramener le chameau.

» *Mardi 22, mercredi 23 et jeudi 24 mars.* — Séjour. — Les deux hommes envoyés à la poursuite des fuyards rentrent vers le coucher du soleil, sans avoir pu rejoindre leurs coupables camarades.

» Le plus profond désespoir saisit tout le monde en voyant cette dernière ressource disparaître.

» Quelques hommes à peine sont encore aptes à la marche.

» Le tirailleur Abdesselam-Ben-el-Hadj demande à aller vers Radja, à El-Mesegguem, pour ramener du secours; Pobéguin consent à le laisser partir et lui promet une belle récompense s'il parvient à Hassi-el-Mesegguem.

» Une heure après son départ, l'on entend des coups de feu; plusieurs hommes avaient quitté le puits pour aller, disaient-ils, à la chasse. On les vit de loin allumer un grand feu. Quand ils revinrent, ils apportèrent de la chair qu'ils offrirent à Pobéguin, en lui disant que c'était de la viande de mouton. Le maréchal des logis vit que ce qu'on lui présentait était de la chair humaine, et il la repoussa.

» La colonne est hors d'état de reprendre la marche. Tout le monde est dans un état de faiblesse extrême. Quelques hommes se dispersent et trouvent des insectes et des lézards qu'ils dévorent avec avidité. Le désespoir est à son comble. On ne compte plus sur aucun secours. Quelques hommes plus énergiques raniment un peu leurs camarades. On décide qu'on tentera de gagner Hassi-el-Mesegguem.

» *Vendredi 25 mars.* — On se met en marche dans l'après-midi : neuf hommes sont tellement faibles, qu'ils peuvent à peine se tenir debout; ils sont laissés au puits, et on leur promet qu'aussitôt l'arrivée à El-Mesegguem on reviendra vers eux. Ces hommes sont : El-Mobrouk-ben-Mohammed, chamelier ; les tirailleurs Ahmed-ben-Tahar, Lakhdar-ben-Salah, Bahmani-ben-Ahmed, Ben-Aouada-ben-Braham, Mohammed-ben-Ahmed, Djedid-ben-Mohammed, Ahmed-ben-Zanoum, Khelifa-ben-Derradji.

» Les seize autres se mettent en route dans un terrain sablonneux, après avoir enfoui leur argent. On parvient à faire environ trois kilomètres.

» Dans le courant de la nuit, on entend quatre ou cinq coups de fusil. On croit qu'un parti de Touàregs est venu tenter une attaque contre les hommes laissés au puits.

» *Samedi 26 mars.* — Deux hommes se dirigent vers le puits pour reconnaître la cause des coups de feu entendus pendant la nuit; quand ils reviennent dans l'après-midi, ils racontent que le nommé Djedid-ben-Mohammed avait eu une discussion avec ses camarades, qu'il en avait tué deux, Mohammed-ben-Ahmed et Ben-Aouda-ben-Braham, et qu'il s'était enfui.

» Les autres hommes restés au puits avaient mangé, disaient-ils, de la chair de leurs camarades, et eux-mêmes avaient pris cette nourriture.

» Deux autres, El-Mebrouk-ben-Mohammed et Ahmed-ben-Tahar, étaient morts de faim pendant la nuit.

» A ces nouvelles, Belkassem-ben-Zebla, Belkassem-ben-Rebih, Ahcar-ben-Belkhin, Ferhat-ben-Omar retournent au puits dans la soirée. A peine y étaient-ils arrivés, qu'on entend des coups de feu. Be-kassem-ben-Zebla tue Ahmed-ben-Zanoun, qui lui est désigné par les autres comme ayant été complice de la mort des deux premiers; il dépouille le cadavre, découpe la chair, en fait un repas avec ses camarades, et en apporte à la colonne le lendemain matin. On séjourne ce jour-là. Les hommes qui sont allés au puits ont eu l'ordre d'en rapporter de l'eau, ainsi que de la chair des hommes tués.

» *Dimanche 27 mars.* — Les quatre hommes partis la veille rentrent dans la matinée. On présente de la chair humaine à Pobéguin, qui manifeste d'abord la plus grande répugnance, puis en mange comme les autres.

» En même temps, on absorbe une grande quantité d'eau, de sorte que la provision est fortement entamée. Six hommes partent au puits pour en rapporter de l'eau; ce sont les nommés Mohammed-ben-Mohammed, Gorich-ben-Moni, Abdallah-ben-Ahmed; Ahmed-ben-Amar, Abdel-Kader-ben-Baharia, Ahmed-ben-Messaoud. Des coups de feu retentirent encore, et les nommés Rhamani-ben-Ahmed dit El-Hachichi et Kakhdar-ben-Salah, surpris sur leurs retems, sont tués à coups de revolver. Tous les hommes présents font un repas de leur chair, qu'ils font rôtir; quelques-uns même la mangent toute saignante, et les six hommes rejoignent leurs camarades dans la soirée. La colonne n'a pas marché ce jour-là et se trouve toujours à trois kilomètres de Hassi-el-Hadjadj.

*Lundi 28 mars.* — Départ le matin de bonne heure. Vers dix heures, on rencontre Djedid-ben-Mohamed, qui, s'étant enfui du puits, avait devancé la colonne; il est décharné et presque mourant. Cet homme était accusé d'avoir tué deux de ses camarades; on décide qu'on le tuera à son tour. Quelques hommes veulent l'égorger pour faire cuire son sang; Pobéguin s'y oppose et demande qui veut se charger de le fusiller. Personne ne répond. Un instant, après un coup de feu retentit, et Djedid-ben-Mohammed tombe. Il est aussitôt dépecé et découpé; ses os sont broyés et mangés. Sur sa demande, le foie et le cœur sont réservés à Pobéguin.

» Au milieu du jour, tempête de sable affreuse; les outres se dessèchent rapidement; les hommes, pour se soustraire à l'action du vent brûlant qui souffle toute la journée, se couvrent le corps de sable.

» La provision d'eau ne pouvant pas suffire pour atteindre El-Mesegguem, cinq hommes, les nommés El-Bouzidi-ben-Mohammed, Mohammed-ben-Abd-el-Kader, Belkassem-ben-Zebla, ben-Chohra-ben-Maïbb, Abd-el-Kader-ben-Baharia, se dirigent le soir vers le puits, de façon à apporter de l'eau à la colonne, qui les attend. Ils se dispersent en arrivant au puits; des neuf hommes qu'on y avait laissés, il ne reste de vivant que Khelifa-ben-Deradji, qui, à la vue de ses camarades, craint pour sa vie et s'enfuit.

» Dans le courant de la nuit, Ben-Chohra-ben-Maïbb est tué et mangé. Les nommés Belkassem-ben-Kebir, Mohammed-ben-Abd-el-Kader, Mohammed-ben-Mohammed, Ahmed-ben-Amar, Ahmed-ben-Messaoud vont rejoindre les hommes que l'on a envoyés au puits.

» *Mardi 29 mars.* — Ceux-ci, qui devaient venir le matin, se sont attardés; leurs compagnons, voyant qu'ils ne reviennent pas, décident d'aller au-devant d'eux.

» La provision d'eau est complètement épuisée; plusieurs boivent de leur urine. Pobéguin déclare qu'il lui est impossible de marcher; il reste à l'endroit où il se trouve et recommande aux hommes de lui envoyer de l'eau dès qu'ils le pourront.

» La colonne retourne à Hassi-el-Hadjadj, et, dans le courant de la nuit, rencontre les hommes qui en revenaient.

» Ces hommes y avaient passé la matinée et la forte chaleur du jour, et étaient partis le soir à la hâte.

» Ahmed-ben-Messaoud et Ferhat-ben-Omar ont été tués au puits, le premier par Mohammed-ben-Mohammed, et le second par Belkassen-ben-Zebla, pendant son sommeil.

» Les malheureux rapportent une partie de la chair de ces deux hommes et sont chargés d'argent.

» Belkassem-ben-Zebla inspire une grande terreur à tout le monde; c'est le boucher de la colonne, et il s'acquitte de ses tristes fonctions avec un cynisme révoltant.

» *Mercredi 30 mars.* — On envoie encore trois hommes au puits pour en rapporter de l'eau, et l'on se met en marche. Amar-ben-Belkeir et El-Madani-ben-Mohammed prennent les devants pour retrouver Pobéguin à l'endroit où il était resté; en arrivant, ils ne voient que son burnous et reviennent vers leurs camarades. La colonne arrive bientôt au même endroit et s'arrête pour entendre le résultat des recherches qu'entreprennent Belkassem-ben-Zebla,

El-Madani-ben-Mohammed et Mohammed-ben-Mohammed. Ces trois hommes suivent les traces de Pobéguin en arrière.

» *Jeudi 31 mars.* — La colonne se remet en marche, après avoir pris les objets qu'on avait enfouis en cet endroit. De leur côté, les trois hommes partis sur les traces de Pobéguin le rejoignent à Hassi-el-Hadjadj.

» Ce dernier, voyant les hommes tarder à revenir, avait pris le parti de se traîner jusqu'au puits et avait pris un chemin différent de celui de la colonne. Quand les trois hommes le trouvent, il est presque mourant de soif et parle à peine. Belkassem-ben-Zebla communique à Mohamed-ben-Mohamed son projet de tuer Pobéguin. Mohamed-ben-Mohamed s'y oppose : il s'ensuit une discussion à la suite de laquelle Belkassem-ben-Zebla tire un coup de revolver à Mohamed-ben-Mohamed, mais il ne l'atteint qu'au bras ; puis, il décharge les cinq autres coups sur Pobéguin, qui est couché sous un retem. Après cela, il découpe la chair de Pobéguin, et tous trois repartent.

» La colonne a continué sa marche dans l'après-midi.

» *Vendredi 1er avril.* — Départ, le matin, de bonne heure.

» Des hommes restent en arrière. L'un d'eux, Abdallah-ben-Mohamed, ne peut rejoindre

Caravane dans le Désert.

et sera ramené plus tard par un méhari d'El-Mesegguem.

» Marche le matin et le soir. On enfouit l'argent afin de pouvoir continuer à marcher. El-Bedina-ben-Thious reste en arrière et ne revient pas.

» Après avoir marché la plus grande partie de la nuit précédente, on arrive dans la matinée près d'El-Mesegguem et l'on aperçoit un berger gardant un troupeau de chameaux ; ce berger fait connaître que les tentes de Radja sont à El-Mesegguem. On s'y rend aussitôt, et les malheureux sont recueillis par Radja, qui leur donne tous les soins que nécessitait leur misérable situation.

» Deux jours après leur arrivée, les hommes de la mission demandèrent à Radja de leur confier des chameaux pour aller à Hassi-el-Hadjadj chercher leurs effets ; Radja s'y rendit avec eux, malgré leur désir de s'y rendre seuls, et vit la trace évidente des horribles faits qui s'y étaient passés. Il trouva auprès du puits un tirailleur du 3e régiment, Khalifa-ben-Derradji, que ses trois camarades auraient certainement tué sans la présence de Radja.

» Cet homme ne voulut même pas quitter Hassi-el-Hadjadj avant que ses camarades eussent pris le chemin de Ouarglâ, tant était grande la peur qu'il avait d'eux.

» En rentrant à El-Mesegguem, Radja et les tirailleurs trouvèrent quatorze cavaliers du Magzhen de Ouarglâ, qui emmenèrent tous les survivants à Inefel, où se trouvait le khalifa de l'agha, puis à Ouarglâ, où ils arrivèrent le 28 avril. »

Le gouvernement français a voulu qu'un double monument consacrât l'héroïque entreprise de Flatters et de ses compagnons. Au mois de janvier 1883, une pyramide commémorative a été élevée au milieu du Parc de Montsouris, à Paris ; au mois de février suivant, une colonne en granit a été également érigée, à Ouarglâ, en l'honneur de la malheureuse expédition. Déjà, au mois d'octobre précédent, la municipalité de Pontivy s'était acquittée du même devoir pieux à l'égard du maréchal des logis Pobéguin, natif de cette ville. La mémoire de ces victimes glorieuses du dévouement et de la science pourra ainsi servir, sur les deux bords de la Méditerranée, d'exemple patriotique. Mais nous sommes assuré d'avance que la catastrophe terrible de Bir-el-Gharama n'entravera point l'élan courageux de nos nationaux. La cause du progrès a ses martyrs volontaires en tous les temps, martyrs toujours convaincus et, par cela même, finalement invincibles [1].

1. Nous n'avons point parlé du projet de « mer intérieure du Sahara » auquel M. le commandant Roudaire a attaché son nom, parce que la Commission désignée par le gouvernement français pour l'examiner l'a repoussé ; la question, du reste, est loin d'être encore résolue, M. Roudaire, encouragé par M. de Lesseps, ayant repris son étude sur de nouvelles bases. En ce qui concerne les premières phases de son projet, consulter M. P. Gaffarel : *les Explorations françaises de 1870 à 1881*. — (Degorce-Cadot, Bibliothèque de vulgarisation.)

# XII

## Les Zaouïas africaines et les Confréries
## religieuses du Désert.

On nomme *zaouïas* des établissements religieux comparables, par leur destination comme par leur influence, à certains monastères de notre moyen âge. Ils sont tout à la fois couvents, écoles et hospices. Ce furent, au début de la conquête musulmane, de véritables forteresses où les vrais croyants venaient faire œuvre pie en bataillant contre les infidèles. Quand le Koran se fut établi sans conteste, les zaouïas perdirent leur caractère militant pour accentuer davantage leur caractère de centres religieux et intellectuels. Aujourd'hui, les unes s'élèvent sur le tombeau d'un saint (*marabout*) qu'elles ont choisi pour patron ; les autres représentent simplement des colonies fondées par une sorte de maison mère qui les retient sous son obédience

Toutefois, depuis l'établissement des Français en Algérie, ces institutions ont repris une nouvelle vigueur : leur fanatisme s'est réveillé, et elles ont toutes repris, les unes ouvertement, les autres secrètement, les armes contre l'envahissement chrétien. En résumé, l'Européen n'a pas de pires ennemis que leurs membres. On estime leur nombre à quatre-vingts, et le chiffre de leurs combattants affiliés dépasserait vingt mille, d'après l'évaluation des hommes les plus compétents.

Leurs deux principaux centres sont sur les lisières de la Tripolitaine et sur celles du Maroc; de telle sorte qu'elles se donnent la main pour attaquer notre possession africaine sur les flancs et diviser notre défense à un signal donné.

La confrérie des *Snoussi* est, sans contredit, la plus influente et la plus répandue dans le nord de l'Afrique; elle rayonne sur la Tripolitaine, la Tunisie, l'Algérie, et jusqu'au fond du Soudan.

Elle fut fondée, nous apprend M. le docteur Parqua, à Benghasi, l'ancienne Bérénice, par Sidi-Mohamed-Snoussi, natif de la province d'Oran et issu d'une vieille famille de la descendance du Prophète. Ce Sidi-Mohamed s'était d'abord établi à Beydah, village situé à quatre journées de chameau au nord de Benghasi. Ce fut en 1844 qu'il s'installa dans cette dernière localité: puis, en 1850, à son retour de la Mecque, il alla résider à Djaghboub, oasis située à quinze journées environ de Tunis, et il y mourut en 1858, dans la belle zaouïa qu'il y avait construite. Il laissait sept enfants, trois garçons et quatre filles.

Son fils aîné. Mohamed-Sidi-Mehdi, lui a succédé. Tous ceux qui le connaissent le peignent comme un homme encore jeune, d'une beauté remarquable. Il porte toute la barbe comme les musulmans de haut rang, le fez recouvert d'un turban blanc, l'autéri serré à la ceinture d'un châle de Perse, et une longue tunique à la mode des softas de Constantinople. Si nous en croyons encore des témoins dignes de foi, il aime la vie solitaire et studieuse, ne se laisse pas approcher par le premier venu, et n'est visible que les vendredis. Ses entretiens, assure-t-on, sont pleins d'esprit, de douceur et de charme. Son hospitalité est très large : personne n'a jamais frappé à sa porte sans être assisté. C'est à ces qualités et à sa descendance qu'il est redevable de son grand prestige sur les Arabes des provinces du nord de l'Afrique. Tel *khouan* (frère) qui prend en vain le nom de Dieu et celui de Mahomet à témoin n'oserait jurer par celui de Sidi-Snoussi, le *khalifa* de Djaghboub.

La majeure partie de la population appartient à cette confrérie; mais les musulmans de la Turquie en sont exclus. On compte vingt-deux zaouïas dans le district seul de Benghasi, lesquelles sont alimentées par des donations particulières et dirigées par des cheiks provenant, pour la plupart, du Maroc et de l'Algérie.

C'est dans ces couvents que les Snoussi envoient leurs enfants pour s'initier aux principes de la religion et aux statuts de cette confrérie, à qui l'on attribue, en outre des vues secrètes, une propagande religieuse au sujet de laquelle personne n'a encore été, jusqu'à présent, en mesure de rien affirmer. On prétend, toutefois, que les fidèles se sont beaucoup relâchés, pendant ces dernières années, des rigueurs de l'ordre, les citadins surtout. Ceux-ci fument aujourd'hui, portent des vêtements de soie, des ornements d'or et d'argent, etc.

Mohamed - Sidi - Mehdi ne songe qu'à sa mission. Son influence est immense : il tient dans ses mains, par ses émissaires, de nombreuses tribus, qui ne font aucun mouvement sans le consulter; ses instructions s'étendent bien autrement loin et ont un effet bien plus considérable que les ordres des pachas turcs de Tripoli, ses alliés ouverts contre nous.

Au reste, ces pachas éprouvent pour lui un respect voisin de la peur. Ses partisans, qui sont presque tous, comme le fondateur de la secte, des Algériens réfugiés dans la Cyrénaïque pour échapper à la domination de la France, n'ont jamais subi ni reconnu l'autorité turque; ils sont mêmes exempts d'impôts. Nul doute que le massacre du brave colonel Flatters et de ses compagnons n'ait été accompli sous l'inspiration d'un mot d'ordre venu de Tripoli et conseillé par le réformateur de Djaghboub :

les lettres du chef des Touâregs-Hoggar qui l'ont accompli en feraient, au besoin, suffisamment foi.

Ces renseignements sur une des associations qui prêchent la guerre religieuse nous paraissent d'autant plus intéressants à faire connaître qu'il en existe d'autres à côté d'elles qui, par sentiment de rivalité, paraissent disposées à un rapprochement intéressé avec les Français. Nous croyons qu'il serait bon d'avoir dans ces contrées des hommes sérieux, connaissant bien le pays et y ayant contracté des amitiés solides. Leur concours pourrait devenir précieux, en créant à côté du parti fanatique qui a levé le drapeau vert un autre parti français prêchant la concorde et les avantages de la paix.

Au Maroc, la plus importante confrérie est celle de *Mouley-Taïeb*, dont le siège principal est à Ouazzan.

Son chef est Si-Abd-es-Selam, descendant direct de Fathma-Zohra, fille du Prophète et femme de Si-Ali, surnommé Taïeb (le Bon). Un de ses ancêtres, Idriss-el-Kebir, s'établit dans le Maroc en l'an 173 de l'hégire; dix-neuf ans après, son fils Idriss-Serir fondait la ville de Fez. La zaouïa d'Ouazzan, si puissante aujourd'hui, fut érigée par le sixième ascendant du *Chérif* actuel, par Si-Abdallah, mort en 1089 de l'hégire, et la confrérie même de Mouley-Taïeb par son petit-fils Si-Taïeb, dont elle a pris le nom et qui est le trisaïeul de Si-Abd-es-Selam.

Il importe donc de remarquer que le chef des *Taïebïin* appartient à la famille régnante du pays, et que c'est son ascendance directe qui a successivement fourni au Maroc les trois branches de ses souverains, parenté étroite qui augmente singulièrement son prestige et son influence sur les populations fanatiques de la région. Ses privilèges sont, du reste, considérables.

Aucun nouveau membre de la dynastie régnante ne peut accéder au trône sans son assentiment : le souverain n'est reconnu comme tel par ses sujets que lorsqu'il a été publiquement salué par le chef de l'ordre des Mouley-Taïeb et qu'il en a reçu le serment. De plus, ce dernier peut, en quelque sorte, déposer le sultan à son gré; car, lorsqu'une tribu s'insurge, elle répand le bruit de la déposition du souverain par le chérif. Aussi l'empereur a bien soin, dans ces cas, d'emmener avec lui soit le Khalifa de l'ordre, soit un membre notoirement connu de sa famille, puisque c'est surtout sur son influence absolue qu'il doit compter pour faire rentrer dans le devoir ses sujets révoltés.

Au point de vue religieux, la puissance du Khalifa de l'ordre s'explique aussi facilement lorsqu'on connaît l'étendue des ramifications de la secte dans le pays.

C'est principalement au Maroc, où elle est née, qu'elle s'est développée. Ses adhérents appartiennent à toutes les castes de la société indigène. Aussi bien les marabouts (*merabet*), descendants des envahisseurs du pays, que les nobles d'épée (*djouad*) et les humbles vaincus asservis (*zenatza*), tous ont embrassé avec ardeur la cause religieuse si habilement soulevée par Si-Taïeb. Chez les marabouts principalement, une sorte d'émulation a facilité cette propagande, car ils se disent tous, — ou à peu près —, *chorfa* (pluriel de *cherif*), c'est-à-dire descendants directs de la famille du Prophète, et l'on comprend qu'ils aient tenu à s'affilier à un ordre fondé par un homme dont la lignée était officiellement reconnue du monde musulman.

Dans tout l'empire marocain, la secte des Mouley-Taïeb est la plus puissante de celles qui sollicitent le fanatisme des populations, Les *Kenadsa*, les *Ouled-Sidi-ben-Ahmed-Youssef*, les *Tedjani* ne comptent pas le quart des membres de cette importante confrérie. Il en est de même des *Derkaoua*, — qu'il ne faut pas confondre avec la tribu de ce nom —, lesquels forment, dans l'islamisme, une association religieuse et politique qu'on ne saurait mieux comparer qu'au nihilisme; malgré leurs nombreux adeptes, les Derkaoua sont moins puissants que les Taïebïin.

Il est vrai que, procédant avec une habileté

merveilleuse, ces derniers ne repoussent nullement les sectes rivales. Ils fraternisent avec elles, au lieu de les traiter en ennemies, et s'efforcent de s'appuyer sur leurs adhérents pour faire prévaloir leurs propres intérêts. Leur suprématie est, d'ailleurs, amplement reconnue, grâce au caractère doublement sacré dont est revêtu le chérif d'Ouazzan, lequel joint les attributs du pontificat à ceux de la souveraineté.

Si, dans l'empire marocain, il n'est pas de petite fraction de tribu qui ne compte de nombreux et fervents adeptes de l'ordre des Mouley-Taïeb, il n'est pas non plus un indigène qui n'y soit affilié dans le Touât. En Tunisie et en Tripolitaine, ainsi qu'en Égypte, il compte également un grand nombre de membres.

Au point de vue politique, le fondateur Si-Taïeb a fort habilement introduit dans les règlements constitutifs de la secte une clause qui fait de ses successeurs les arbitres-nés des contestations entre les souverains du pays : prétention qui rappelle assez bien celle que s'arrogeaient, au moyen âge, les souverains pontifes de Rome lorsqu'ils s'érigeaient en médiateurs entre les potentats de la chrétienté.

Pour ce qui concerne personnellement Si-Abd-es-Selam, disons que les fanatiques, que les ignorants ont pour lui le même respect, la même vénération dont jouissaient ses ancêtres ; mais qu'en revanche, dans les hautes sphères religieuses, c'est-à-dire dans le conclave musulman, parmi les *ulémas* (docteurs en théologie islamique), il est quelque peu mis à l'index à cause de ses mœurs fortement relâchées. On lui reproche, en effet, de s'être allié à une Européenne, de porter des vêtements que les chorfa doivent repousser, de boire du vin, voire du champagne et — voile-toi la face, ô Mahomet! — de l'absinthe, comme un « chien de chrétien ». Malgré ces imperfections du tout-puissant Khalifa, il n'en reste pas moins pour nous un ennemi absolument redoutable.

On voit que, de toutes parts, nous sommes réellement menacés par ces associations, dont la plupart des membres, nous restant inconnus, échappent à notre contrôle et à notre action.

Au moment où nous croyons les tenir, c'est au Sahara qu'ils se réfugient, et nous ne pouvons les y poursuivre.

Seul, l'ordre des *Tidjani*, dont la zaouïa s'élève en pleine oasis à 14 kilomètres sud de Tuggurt, à 2 kilomètres de Temacin, s'est montré, depuis la conquête, un allié fidèle des Français. Pendant l'insurrection de 1871 notamment, son chef, Sidi-Mohamed-El-Aïd, nous donna des gages non douteux de sa bonne foi. Cette attitude a surpris. A en croire leurs détracteurs, les Tidjani auraient provisoirement associé leur fortune aux armes des chrétiens afin d'étendre leur propre influence, sous le couvert du drapeau français, aux dépens des autres associations religieuses qui combattent ouvertement la domination étrangère, quittes, le jour où ils resteront seuls en possession du terrain, à réunir toutes leurs forces dans une suprême tentative contre l'infidèle. De pareilles arrière-pensées ne sont nullement impossibles ; car, sous l'apparente unité de l'orthodoxie sunnite, il règne, parmi les ordres religieux de l'islamisme, les mêmes jalousies, les mêmes dissidences que celles dont nous avons jadis été témoins, dans l'Église catholique, entre jésuites et jansénistes, entre gallicans et ultramontains. Cependant, il importe de noter que le caractère distinctif des Tidjani est une réelle tolérance. La devise de l'ordre, qui est : « Le triomphe du droit par le droit », semble indiquer une réaction formelle contre les moyens de propagande qui ont prévalu jusqu'à présent parmi les sectateurs de Mahomet. M. Henri Duveyrier cite même, à l'éloge de Sidi-Mohamed-El-Aïd, un fait presque incroyable pour quiconque connaît la défiance et l'exclusivisme religieux des musulmans. Quand l'explorateur français traversa Temacin pour se rendre chez les Touâregs, le grand marabout des Tidjani lui conféra le titre de *khouan* (frère), ainsi que le diplôme et le chapelet de l'ordre. M. Duveyrier ajoute que, à partir de ce moment, il fut reçu comme un véritable frère par tous les khouans disséminés dans le Sahara, et c'est grâce à leur appui qu'il put sortir sain et sauf de sa périlleuse entreprise. Quel que soit, en tout cas, le mobile auquel la politique de la secte ait cédé, son calcul a été heureux, car son chef a réussi de la sorte à constituer l'ordre le plus puissant, aujourd'hui, du Sahara; en effet, bien que sa fondation remonte à moins d'un siècle, ses zaouïas s'échelonnent du Nil à l'Atlantique et de la Méditerranée à Tin-Boktou. Toutefois, son dévouement apparent pour nous ne s'est point encore démenti. On cite même, à ce propos, une anecdote caractéristique. Lorsque, il y a quelques années, le grand marabout, revenant de son pèlerinage de la Mecque, rentra à Temacin, il rencontra M. l'ingénieur Jus, qui creusait à cette époque les puits de l'oasis, et fit à notre compatriote, lequel lui adressait ses félicitations, ce remarquable compliment : « Partout, je n'ai trouvé que la violence et » le brigandage ; il m'a fallu, pour voir re- » fleurir la justice, rentrer sur le territoire de » la France. » Peut-être, après tout, Sidi-Mo-hamed-El-Aïd est-il sincère ; peut-être cet homme, d'une intelligence supérieure, s'est-il donné pour objectif de concilier, dans un pays où la résistance est devenue impossible, les exigences du Koran avec les nécessités de la situation actuelle, tout comme, dans le Ben-gale, certaines sectes bràhmaniques s'efforcent aujourd'hui d'opérer un rapprochement entre elles et les conquérants anglais.

Quelques détails, pour terminer, sur l'organisation intérieure des zaouïas.

Ces communautés ont pour double but d'organiser l'assistance mutuelle sur le principe de la fraternité religieuse et de maintenir, dans la société arabe, l'intégrité de la foi mahométane ; à ce point de vue, on peut encore les rapprocher des ordres religieux chrétiens qui se développèrent par toute l'Europe pendant le moyen âge. Leurs ressources proviennent exclusivement de fondations pieuses et de dons volontaires, qui, s'il faut en croire les rapports officiels, dépassent, dans certains districts, le montant des impôts payés à l'État. Comme moyens d'action, elles ont l'organisation de certaines cérémonies religieuses, les prédications des marabouts, l'enseignement des *tholbas* (lettrés), les pratiques de la bienfaisance, la distribution des amulettes, et même, au besoin, la fabrication des miracles. Aussi jouissent-elles, grâce à l'étendue de leurs ramifications, d'une influence énorme, qui s'est surtout développée, nous ne saurions trop le répéter, depuis la conquête française. Dès 1859, M. Ch. Brosselard, sous-préfet de Tlemcen, évaluait le nombre de leurs adeptes à un cinquième de la population algérienne ; ce chiffre s'est fortement élevé depuis.

Ce phénomène s'explique aisément. On connaît les liens qui unissent dans les pays musulmans la société civile et la société religieuse.

Privés de leur indépendance politique, les indigènes de l'Algérie se sont avidement rejetés
vers des associations qui devaient symboliser
à leurs yeux la résistance de l'élément musulman contre la domination de l'infidèle. D'autre
part, ces associations offrent aux mécontents,
comme aux fanatiques, une arme d'autant plus
puissante qu'elles sont constituées en sociétés
secrètes sur le principe d'une obéissance absolue aux chefs suprêmes de l'ordre. Les
khouans ont leurs mots de passe, leurs signes
de reconnaissance, une hiérarchie officielle qui
s'étend du grand maître (*khalifa*) jusqu'aux
agents subalternes, messagers, porte-bannières,
gardiens, etc. ; enfin des assemblées générales,
où ils se réunissent soit pour se livrer à des
pratiques fortement empreintes de mysticisme,
soit pour recevoir les instructions secrètes du
chef, soit pour procéder à des initiations de
nouveaux membres.

Cette dernière cérémonie s'opère avec une
certaine solennité. Le néophyte, introduit par
deux parrains, est interrogé par le cheik
d'après un formulaire traditionnel. On lui communique ensuite les mots sacrés, on le revêt
de la ceinture symbolique, on le fait asseoir
sur un tapis où on lui offre un léger repas,
enfin on lui délivre le diplôme qui constate sa
réception dans l'ordre. A partir de cette heure,
l'initié ne s'appartient plus ; il devient l'esclave,
la chose de l'ordre, ou, plutôt, de ses supé-

rieurs, *perindè ac cadaver* (l'expression figure
au rituel des Rhammaniens), « comme est un
cadavre entre les mains du laveur des morts,
qui le tourne et le retourne à son gré ». Le
rapprochement de cette formule avec celle
d'un célèbre institut chrétien s'impose de lui-
même, et l'esprit reste effrayé devant cet
anéantissement volontaire de l'homme sous des
latitudes si diverses en présence d'influences
supérieures analogues. On conçoit que, le
haschisch aidant, une pareille organisation
puisse reproduire, à toute heure, les prodiges
de fanatisme qui rendirent légendaires, dans
les premiers temps de la ferveur mahométane,
les noms du Vieux de la Montagne et de ses
farouches sectaires. C'est, probablement, par
le travail souterrain de ces associations que
s'explique l'étrange fortune des divers agita-
teurs algériens, depuis Bou-Maza jusqu'à Si-
Sliman, obscurs imposteurs, inconnus la veille,
et subitement placés à la tête d'une formi-
dable insurrection. Toutefois, les confréries se
contentent généralement, en Algérie, de prê-
cher la résistance passive aux envahissements
de la domination française; politique habile,
qui est parvenue jusqu'ici, bien mieux que les
soulèvements, à déjouer tous les efforts de l'autorité coloniale pour entamer l'édifice religieux, économique et civil de la société indigène.

Ce qui indique suffisamment, du reste, que

les zaouïas sont destinées à devenir, au besoin, autant de centres de résistance armée, c'est qu'elles constituent toutes de véritables forteresses, dont les hauts bâtiments se groupent à l'abri d'une ou de deux enceintes crénelées. A coup sûr, ces moyens de défense extérieure n'ont pas pour but de se protéger contre les incursions des bandits du Sahara, puisque ceux-ci comptent, au contraire, parmi les meilleurs et les plus fidèles servants de la secte.

# XIII



## Caravanes et Voyageurs.

Les voyageurs, — trafiquants ou autres, — traversent le Sahara soit en caravane, soit isolément.

Les caravanes, plus ou moins nombreuses, suivant les circonstances, comprennent depuis une centaine d'hommes jusqu'à plusieurs milliers d'individus. On conçoit que leur organisation soit une chose sérieuse, étant donnés les périls de toute nature que cette agglomération de gens et d'animaux doit affronter. Il faut à sa tête un homme qui connaisse à fond les difficultés de la route et qui, en même temps, sache faire respecter son autorité. Cet homme, c'est le conducteur, c'est le chef.

Dans le Sahara, on nomme indistinctement *khrebir*, « qui renseigne », *menir*, « qui éclaire », ou *delil*, « qui indique », ce chef des caravanes. Chacune d'elles obéit passivement au maître qu'elle s'est donné : il y commande absolument, comme un capitaine de navire à son bord. Il a sous lui des *chaouchs* pour exécuter ses ordres, des *chouafs* (voyageurs) pour éclairer le pays, un *khrodja* (écrivain) pour présider aux transactions, les régulariser, en écrire les conventions, recevoir, en cas de mort de l'un des voyageurs, les dernières volontés du défunt et recueillir sa succession ; il a encore un crieur public pour faire les annonces, un *moudden* pour appeler à la prière, un *iman* enfin pour la dire sur les fidèles.

Ce conducteur est toujours un homme d'une intelligence, d'une probité, d'une bravoure et d'une adresse éprouvées. Il sait s'orienter par les étoiles ; il connaît, par l'expérience des voyages précédents, les chemins, les puits et les pâturages, les dangers de certains passages et les moyens de les éviter, tous les chefs dont il faut traverser les territoires, l'hygiène à suivre selon les pays, les remèdes contre les maladies, les fractures, la morsure des serpents et les piqûres du scorpion. Dans ces vastes solitudes, où rien ne semble indiquer la route, où les sables, souvent agités, ne gardent pas toujours les traces du voyageur, le khrebir a pour se diriger mille points de repère. La nuit, alors que pas une étoile ne luit au ciel, à la simple inspection d'une poignée d'herbe ou de terre qu'il étudie des doigts, qu'il flaire et qu'il goûte, il devine où l'on est, sans jamais s'égarer.

Quand une caravane a fait choix d'un khrebir, elle se donne entièrement à lui ; mais il en est responsable devant la loi et, sous peine d'amende, il doit la préserver de tous les accidents « qui ne viennent pas de Dieu » : il paie le prix du sang (*dïa*) de tous les voyageurs qui, par sa faute, meurent, s'égarent et se perdent, ou sont tués ; il est punissable si la caravane a manqué d'eau, s'il n'a pas su la protéger ou la défendre contre les maraudeurs. Cependant, comme, une fois en marche, reculer n'est plus possible et qu'il faut, heureux ou malheureux, que le voyage s'accomplisse, une caravane se garderait bien d'accuser ou de menacer un chef qui l'aurait compromise avant d'arriver en un lieu sûr où l'on peut « faire la justice ». Il est vrai que, pour échapper à la loi, un khrebir de mauvaise foi pourrait, ainsi que cela s'est vu, — rarement, il est vrai, — la vendre aux Touâregs, la faire tomber dans une embuscade, partager le butin, et rester avec les voleurs.

Chaque membre de la caravane a soin de s'approvisionner pour pratiquer, en route ou à destination, des échanges. S'il s'agit d'aller à Tin-Boktou, par exemple, le chargement sera peu compliqué, vu qu'il n'y a que certaines marchandises spéciales qui aient encore cours dans la région du Niger. Aux habitants du Soudan, qui donnent un esclave pour un burnous, l'or au poids de l'argent, les peaux de buffle et de bouc, les plumes d'autruche, leurs cotonnades bleues ou noires (*saïes*), l'ivoire au plus bas prix, les caravanes apporteront des aiguilles, du corail, de la verroterie, du papier,

du soufre, du benjoin, de la cannelle, du *doure*
(sorte de parfum), du poivre noir, du drap, des
mouchoirs, de la cire, des cotonnades, des
*habaïas* (vêtements de laine), des chapeaux de
paille, du fer, des aciers, etc. Ces marchandise centupleront de valeur, et chacun en
charge d'habitude trois chameaux.

Lorsque la caravane arrive dans un marché
d'échange (*râkeb*), comme son arrivée est signalée d'avance, les trafiqueurs arrivent de fort
loin. A peine les piquets des tentes sont-ils
plantés, que des chameaux chargés de pacotilles
variées se montrent en foule sur tous les points
de l'horizon. Les voyageurs se munissent alors
de préférence d'objets de consommation, moutons, beurre, dattes, sel et tabac en échange,
généralement, d'objets d'habillement et de toilette.

Mais lorsque la caravane campe en plein
Désert, trop loin de toute habitation pour que
ces échanges soient possibles, ce sont les voyageurs eux-mêmes qui trafiquent entre eux,
tout comme cela se pratique dans une ville :
dans ce cas, on assiste bien véritablement à un
râkeb, mot qui signifie « une ville en mouvement ».

Au campement, du reste, le khrebir n'as-
signe, pas plus qu'il ne l'a fait pendant la
marche, aucune place déterminée aux groupes
des diverses tribus ou des diverses nationalités

qui marchent sous sa direction : tous les groupes marchent et campent confondus.

Les provisions de route sont, nécessairement, assez compliquées. Chaque voyageur emporte un *sââ* (mesure spéciale) de kouskoussou, un *sââ* et demi de dattes, une outre de beurre, de la viande séchée (*khreléa*), deux outres pleines d'eau, un seau en cuir avec sa corde pour abreuver les chameaux, deux paires de chaussures (*belghra*), des aiguilles à coudre le cuir et des lanières (*séïr*) pour les raccommoder, un briquet et de l'amadou (*thom*). Puis, comme il ne suffit pas de pourvoir à la faim et à la soif. mais qu'il faut être en garde contre les attaques à main armée, chacun achète des pierres à feu, de la poudre et des balles pour l'avenir ; pour le présent, on y adjoint vingt-quatre coups tout prêts dans les vingt-quatre roseaux qui pendent aux ceintures (*mahazema*). Un chameau pour ces bagages complète l'équipement. Les quatre chameaux de chaque voyageur doivent être forts, bien bâtis et bien outillés.

La veille du départ, le soir, après un repas en commun, les membres de la caravane se cotisent pour offrir à leur khrebir un habillement complet et trente douros d'argent : en outre, ils doivent le défrayer pendant tout le voyage.

Au campement, les tentes des voyageurs sont disposées autour de celle du chef, de manière à former un grand cercle dont les bagages doivent tracer le périmètre et dont les chameaux occupent le centre. Pendant toute la traversée, une partie de l'expédition couche en plein air, sur les bagages, les armes à portée de la main, et des sentinelles sont disposées de place en place pour veiller au salut commun. Toutes les heures environ, le khrebir s'assure que tout est en état dans le campement.

Tel est l'ordre habituel d'une caravane. C'est surtout en arrivant au pays des Touâregs que son conducteur redouble de précautions et d'activité : à partir de ce moment, il ne permet plus que personne s'isole de la colonne.

Grâce à l'observation stricte de ces dispositions, la caravane peut espérer atteindre dans de bonnes conditions le but de son long voyage et opérer sans trop de fatigues son retour.

Le cas des voyageurs isolés est plus grave. Néanmoins, on peut s'en tirer avec de la prudence.

Les caravanes, en effet, ne circulant ni en tout temps ni dans toutes les directions, les Arabes se trouvent souvent obligés de voyager isolément. S'ils connaissent bien la route, ils partent seuls, marchant le jour, quand elle est sûre, marchant la nuit et se couchant le jour lorsqu'ils arrivent dans le voisinage de quelque tribu mal famée.

En général, quand on traverse des tribus, il est toujours imprudent d'aller seul. Le plus sûr est de se placer sous la protection d'un *mekri*.

C'est un homme qu'on loue pour servir à la fois de guide et de sauvegarde. Il appartient à la tribu elle-même dans laquelle on doit passer, et, sous ce rapport, il présente toute garantie. Le prix de ses services est peu de chose : un mouchoir, un fichu, un simple ruban dont on lui fait présent pour sa femme. On le lui remet avant le départ : c'est un gage plutôt qu'un salaire. A partir du moment où il l'a reçu, le mekri devient la providence du voyageur, qui ne s'appartient plus et se repose entièrement sur son guide du soin de sa sûreté ; dès l'instant du départ, il s'établit entre eux une solidarité complète. Le mekri devient un pilote ; il partage la bonne et la mauvaise fortune de son passager.

S'il sait devoir traverser une région dangereuse, à l'avance il prend parmi ses amis une escorte suffisante pour effectuer le passage en sûreté, et il ne lui en coûte rien que de rendre, en pareille occasion, le même service à d'autres. Enfin, jusqu'à ce qu'ils aient atteint le terme convenu, le mekri répond de son protégé : devant qui? devant Dieu, sans doute ; car la fidélité du guide est une vertu innée chez les Arabes : on ne cite pas un seul exemple de forfaiture.

Il existe un autre moyen de protection pour voyager isolément : c'est le *rekkâs*, espèce de facteur qui ne fait pas d'autre métier que de conduire les voyageurs et de porter des lettres.

A la vérité, il n'a pas auprès des hommes le même caractère d'inviolabilité que le mekri, mais il a le mérite de connaître parfaitement les lieux. Il sait les retraites sûres, les chemins de traverse et les bonnes sources, les moments où il faut se cacher et ceux où l'on peut marcher au grand jour ; il a des amis sur toute la route, et il obtient pour son compagnon la même hospitalité que pour lui-même. Moyennant une rétribution proportionnée à la longueur et à la sécurité du chemin, il vous prend sous sa protection et vous conduit à bon port. La seule différence entre le mekri et le rekkàs, c'est que l'un exerce en amateur et l'autre en artiste.

L'Arabe ne voyage jamais sans observer. En profitant de l'expérience du rekkàs, il en acquiert lui-même ; il apprend à connaître les difficultés et les ressources du pays qu'il traverse : de la sorte, s'il se retrouve dans la nécessité de parcourir la même route, cette fois il part seul, à ses risques et périls, ou bien il cherche quelques compagnons de voyage et organise une petite caravane dont il devient, par sa propre expérience, le chef et le guide.

J'ai parlé d'hospitalité ; mais le voyageur n'est pas toujours assuré de trouver cette hospitalité dans les tribus. S'il n'y connaît personne, il court risque de coucher à la belle étoile et de vivre d'air et d'eau. D'ailleurs, quand on n'est pas en nombre et qu'on ne veut pas faire la dépense d'un mekri, il est prudent, ai-je déjà constaté, d'éviter les tribus. Ajoutons que lorsqu'on s'engage dans le Sahara, on doit s'attendre à traverser des landes inhabitées. Il est donc sage de prendre des mesures pour se passer du secours des hommes, et d'emporter ses provisions pour toute la route. Elles consistent, quand on y met du luxe, dans une pâte formée de blé grillé dans une poêle et broyé à la meule de ménage (*rouîna*), de dattes et de beurre, ce dernier destiné, affirme-t-on, à préserver de la soif; mais, le plus souvent, elles se réduisent à la rouîna. La farine qui sert à la confection de cette pâte est introduite et pressée dans une peau de mouton ou de chèvre, tannée et teinte en rouge, que l'on porte en sautoir derrière le dos ; cet ustensile prend les noms de *mezoued*, d'*âbia* ou de *neffâd'*, suivant qu'il est de grande, de petite ou de moyenne dimension.

Le voyageur veut-il faire un repas, la table est bientôt mise. Il s'assied au bord d'une source ; il étend sur le sol un des pans de son burnous, qui sert à la fois de nappe et de vaisselle ; il y jette une poignée de rouîna, qu'il arrose d'eau, et en fait une pâte qui n'a pas besoin d'autre préparation ; puis, il rapproche ses deux mains en forme de vase, boit, et se remet en route. Un mezoued plein de rouîna fait la nourriture de quatre voyageurs pour six jours de marche. Toutefois, quand le voyage ne doit durer que deux ou trois jours,

on substitue à la rouîna de petits pains ronds
et plats.

Un autre instrument indispensable au voyageur, c'est le bâton (*okkaz*); il sert à tuer les serpents, vipères (*lefa'*) et autres bêtes nuisibles, comme aussi à tenir à distance les chiens des tribus, animaux éminemment insociables.

Avec le mezoued sur le dos et l'okkaz à la main, l'Arabe est équipé pour les plus longues traversées. Il ne lui manque plus qu'une seule chose : de l'eau. C'est pourquoi son bagage s'accroîtra d'un nouvel ustensile, peu encombrant, du reste, la *chenna*, peau de chevreau qui conserve son poil et reçoit à l'intérieur une couche de goudron. De cette outre primitive les trous sont cousus et goudronnés avec soin, à l'exception d'une des pattes, dont l'ouverture sert à emplir le récipient et à le vider. Grâce à son imperméabilité, l'eau peut s'y conserver pendant dix jours sans éprouver la moindre altération. Son équipage se trouvant ainsi complété, l'Arabe traversera des steppes immenses, les plages les plus arides et les moins habitées à raison quelquefois de quinze lieues par jour; car il marche depuis le lever jusqu'au coucher du soleil.

A l'état normal, il a les pieds nus; mais, en pareille circonstance, il prend ce qu'il nomme sa chaussure d'été (*torbâga*), semelle de peau de bœuf ou de chameau fixée par quatre ou cinq bouts de ficelle noués sur le pied. Cela

suffit à le garantir des gerçures, toujours douloureuses, souvent incurables.

Assurément, l'équipement que nous venons
de décrire est bien simple et bien grossier :
mais, tel qu'il est, il se trouve approprié à tous
les besoins, à tous les climats, à toutes les saisons, et cela suffit.

# XIV

**L'avenir du Sahara.**

Nous nous sommes efforcé de donner une idée
générale, mais complète, du Grand-Désert africain, encore si peu connu, quoique ses aspects
multiples méritassent, ne fût-ce qu'au point de
vue des intérêts français, d'être mis depuis
longtemps en lumière. Maintenant, nous de-
vons conclure.

Que devons-nous espérer de nos rapports avec
la race arabe?

Quel est l'avenir du Sahara algérien?

Le Grand-Désert est-il destiné à devenir un
jour un appoint fécond de production à notre
richesse nationale?

Triple question restée grosse de controverses,
à laquelle chaque voyageur, chaque philosophe,
chaque économiste apporte sa solution, suivant
son tempérament ou suivant l'école dont il
subit l'influence.

Nous nous bornerons à reproduire ici les
solutions les plus modérées, les plus dégagées

d'esprit de parti, celles qui, par conséquent, nous paraissent les plus pratiques.

En ce qui concerne les Arabes du Sahara algérien, nous croyons devoir nous en rapporter au perspicace témoignage de M. Choisy, qui les a étudiés longuement et de près.

« J'essaye en les quittant, dit le savant ingénieur, de fixer dans mon souvenir la physionomie morale des Arabes, et, plus j'y songe, plus elle me semble se formuler sous ce mot d'enfants qui m'est revenu tant de fois à leur propos. Le caractère de l'Arabe répond de point en point à celui de l'enfance : l'enfance avec tous ses écarts, toutes ses petites passions, ses préjugés, ses terreurs, et, disons-le, avec ses élans généreux et la fougue de son inexpérience. L'Arabe aime le bruit pour le bruit, le désordre pour le désordre ; il lui faut le tapage, la fantasia brillante ; il joue au soldat, et ne songe pas plus aux principes lorsqu'il embrasse une cause ou la cause opposée qu'un collégien s'enrôlant pour une partie de barres dans un camp ou dans l'autre ; sa légèreté est incorrigible et fait de lui, dans le monde musulman, un type absolument inverse du type turc..... Ce qui manque à l'Arabe, c'est l'esprit de suite et de conduite : faute de savoir où il va, il louvoie, s'avance par détours, et fait sans cesse fléchir ses principes par de petits compromis de conscience. Sa finesse tient de la ruse, et sa franchise est rarement sans réserve. Esprit de détail, de menues observances et de petites pratiques, il a trouvé moyen de substituer au Koran un ramas de légendes incohérentes et de divagations individuelles, et d'empreindre l'islamisme même de son esprit de division et de coterie.

» Bien des fois, je l'avoue, en face de cette figure si vivante, mais si étrange, de l'Arabe du Désert, je me suis pris à me demander comment on peut à ce point « être Persan ». Et pourtant, lorsqu'on y regarde de près, cet Arabe-là est, en somme, ce que le Désert l'a fait, rien de plus, rien de moins.

» Supposons qu'un groupe humain soit jeté au Sahara et s'y acclimate : l'état social auquel il finira par aboutir sera le régime arabe, ou quelque chose d'approchant ; le résultat est, pour ainsi dire, fatal. Le pays, faute d'eau, ne peut être cultivé : force est d'y mener l'existence pastorale, courir à la recherche d'une touffe d'herbe, et changer de station chaque fois qu'un pâturage s'épuise. La population est donc sans attache au sol, et la propriété foncière ne saurait exister pour elle. L'industrie, à son tour, est une ressource bien limitée : des nomades n'en pourraient traîner avec eux ni le lourd matériel, ni les produits encombrants ; réduits à ne posséder que des vêtements, des tapis et des tentes, ils ne fabriquent rien d'autre, et leurs loisirs demeurent à peu près sans emploi. Ainsi l'habitant du Désert est

Arabes pillards.

voué, faute d'industrie, à la vie de privations en même temps qu'à la vie d'oisiveté. Etcela mène loin! Qui dit gens oisifs dit gens tracassiers, querelleurs. Dieu sait si les Arabes du Désert le sont! Peu à peu, une défaveur dédaigneuse s'attache à l'idée d'une occupation quelle qu'elle soit; et, comme il n'est point d'existence si primitive qui n'exige quelque effort, instinctivement on rejettera la charge du travail sur d'autres : l'esclavage se présente comme la suite de l'oisiveté pastorale, et, avec l'esclavage, l'asservissement de la femme. Qui est assez fort pour imposer à d'autres sa part de fatigue finit toujours par s'en affranchir aux dépens du plus faible. La femme devient un instrument de travail; et, comme deux femmes produisent plus de travail qu'une, on prend deux femmes, on en prend trois : la polygamie chez les chefs, — et elle n'existe que pour eux, — n'est qu'une nuance de l'esclavage.

» Le morcellement politique est encore une des conséquences de la vie nomade. Les tribus, éparses dans le Sahara comme des navires sur une mer, ne sauraient constituer un corps de nation : l'autorité s'y décentralise, et chaque tribu prend les allures d'un petit État qui profite de son isolement pour ne relever que de lui-même. Faut-il s'étonner de voir ces nomades vivre entre eux sur un pied de guerre continuelle? Leur division en États indépendants explique tout. Leurs querelles, non plus que les différends entre les nations, ne peuvent se résoudre par des procès, elles se tranchent par des guerres ; la razzia devient une institution, et peu à peu dégénère en moyen d'existence : tout est logique, déplorablement logique dans cette organisation de la société nomade. C'est la vie du Désert, et c'est aussi le régime séculaire de la race arabe ; mais il y aurait peut-être erreur et injustice à regarder cette race comme incapable d'en adopter un autre. Les tribus arabes ont prouvé, dans le Tell aussi bien qu'en Espagne, qu'elles peuvent quitter la tente, se mêler aux populations sédentaires et, comme elles, s'attacher au sol. C'est là l'inévitable évolution réservée aux tribus qui campent encore en dehors du Sahara. Pour elles, la vie errante est avant tout un fait de tradition, un régime importé que n'exige ni le climat ni même la race, une situation factice qui doit avoir un terme : tôt ou tard, il leur faudra se fixer ; leur avenir est à ce prix. A quel point s'assimileront-elles aux Européens ? dans quelle mesure faut-il souhaiter qu'elles adoptent nos usages et nos mœurs ? Je ne sais ; mais, à coup sûr, leur condition n'est point de conserver sur un sol cultivable un mode d'existence que le Désert seul justifie.

» Pour tout résumer, il me semble qu'on peut concevoir l'Afrique du nord comme partagée en deux zones, dont une seule, celle du Sahara, impose à ses populations une existence

errante. Dans cette zone déshéritée, la vie
nomade est nécessaire, inévitable; il faut l'ad-
mettre avec ses conséquences, si regrettables
soient-elles : vouloir la bannir de ce terrain est
illusion et chimère. Limiter ses empiètements,
ménager entre elle et la civilisation sédentaire
un contact pacifique, voilà du moins ce qu'on
est en droit de prétendre et ce qu'on doit tenter.
Ce premier résultat acquis, les bornes du
monde nomade reculeront d'elles-mêmes devant
l'activité européenne, qui transforme tout. Et si
la voie de pénétration que nous allions étudier
au Sahara se réalise un jour, ce jour-là le
Désert et la vie nomade seront bien près de se
renfermer dans le champ que la nature leur
a voué sans retour. »

Après les populations, le pays lui-même.

Cette autre question a été amplement traitée
par un diplomate-voyageur d'un rare mérite,
M. le comte Goblet d'Alviella. Nous lui empruntons également ce qui suit :

« Tous les écrivains qui ont envisagé l'avenir
du Sahara se partagent en deux camps nettement tranchés. Suivant les uns, le Sahara algérien deviendra tôt ou tard une voie commerciale de grande importance pour l'échange des
marchandises européennes contre les produits
du Soudan. Des oasis, créées par la sonde, for-
meront un chapelet d'étapes jusqu'au Sénégal
et au royaume d'Aïr. Des rails posés sur le sol
des grands plateaux et des longues dépressions

mettront Tuggurt, Ouarglâ et peut-être Aghadès
à quelques heures de Constantine et de Mar-
seille. C'est à la France, régnant sans partage
dans toute l'Afrique du nord-ouest, que reviendra la gloire de fertiliser ces espaces incultes et de civiliser leurs barbares habitants.
Suivant d'autres, de pareilles vues sont pleines
de dangereuses illusions. La France a déjà
atteint, sinon dépassé, les limites naturelles de
sa domination dans le sud de l'Algérie, et quant
au Sahara, peuplé à une époque récente par
des causes plus ou moins artificielles, il est
irrévocablement condamné à redevenir le domaine de la solitude et de la barbarie les plus
complètes. D'après M. le général Faidherbe, il
n'y a que trois motifs capables d'expliquer le
peuplement partiel du Sahara : ce sont les
profits énormes de la traite, les révolutions con-
tinuelles du Tell et l'absence d'autres débouchés du Soudan avec l'Europe. Or, ces trois
causes ont aujourd'hui disparu. D'où l'auteur
conclut que tout l'avenir du Sahara se résume
en quelques chasseurs d'autruches et en quelques cultivateurs de dattes, fixés dans les oasis
les plus rapprochées. Partout ailleurs, les villes
disparaîtront, les puits se combleront, les chemins seront oubliés, et la traversée du Désert
deviendra une tradition qu'on traitera peut-
être de fabuleuse.

« Les événements continuent à justifier cette
prédiction. Les grandes caravanes sahariennes

se font de plus en plus rares. Ouarglâ, Tuggurt, El-Ouad même, ainsi que les ksours des autres provinces, sont en pleine décadence. On a prétendu que le courant commercial s'était simplement déplacé en faveur de la Tunisie et de la Tripolitaine à la suite de certaines mesures vexatoires, comme l'établissement d'une douane à El-Kantara. Mais la véritable raison, c'est l'abolition de la traite, qui constituait le principal trafic avec le Soudan. Nous voyons, en effet, dans les notices de M. Vatonne sur Rhadâmès, que ce grand entrepôt des Touâregs et des Tripolitains se trouve également dans une position des plus précaires depuis l'abolition de l'esclavage dans les Etats turcs[1]. Comment, d'ailleurs, quelques pincées de poudre d'or, quelques charges d'indigo et d'ivoire pourraient-elles alimenter un

---

1. M. Goblet d'Alviella commet ici une erreur. La traite subsiste toujours, et ses odieux produits continuent à s'écouler, des deux côtés du Grand-Désert, même en terre française. Ce que nous avons rapporté plus haut sur ce point est puisé aux sources les plus authentiques et les plus récentes. Les marchés de l'intérieur ont seuls été changés, ainsi que les débouchés sur les côtes africaines, par suite de la surveillance incessante exercée par les puissances européennes. La crise commerciale saharienne signalée par notre voyageur est absolument analogue à celles qui se manifestent, à certaines époques et sous l'impulsion de causes imprévues, chez nous; il y a là une loi d'évolution, de transformation, à laquelle aucun monde, si immobile et si caché qu'il apparaisse, ne peut échapper; le mouvement économique se déplace, mais ne meurt pas. Il nous a paru curieux de relever ce fait, qui n'est qu'une consécration nouvelle de la grande loi générale à laquelle obéit, par des modes plus ou moins mystérieux et plus ou moins variés, l'immense mouvement humain.

commerce important à travers 500 lieues de désert, presque sans vivres et sans eau, quand les longs fleuves et les côtes sinueuses de l'Afrique occidentale offrent aux exportations du Soudan une voie directe et naturelle, facilitée chaque jour par l'établissement de forts et de comptoirs européens?

» Un autre élément fort considérable de l'existence saharienne, c'est le commerce des troupeaux et les industries qui s'y rattachent. Mais ces troupeaux appartiennent, sauf dans l'Ouâd-Souf, à des nomades que les chaleurs de chaque été ramènent au nord de l'Atlas. Que vont devenir ces tribus au jour inévitable où les progrès de la civilisation fermeront le Tell à leurs migrations périodiques? On ne peut se dissimuler qu'elles seront vouées à une effrayante, mais prochaine et inexorable disparition. Quelques fractions parviendront, sans doute, à refluer vers les pâturages déjà encombrés du Maroc et de la Tunisie; quelques individus, quelques familles isolées iront peut-être se perdre parmi les populations indigènes des villes algériennes; mais l'échec des essais tentés jusqu'ici prouve qu'il faut renoncer à l'espoir de résoudre le problème en fixant la masse des tribus dans les oasis nouvellement créées.

» Restera toujours, à la vérité, la race sédentaire des oasis actuelles. Mais, d'abord, elle subira forcément le contre-coup des événements qui fermeront le Tell aux migrations pastorales, car si, d'un côté, elle est abusivement exploitée par les nomades, d'autre part elle trouve en eux les intermédiaires naturels de ses échanges avec le reste du monde. Ensuite, elle semble elle-même condamnée à disparaître un jour s'il faut en croire des géologues et des ingénieurs qui ont constaté dans le Sahara la diminution progressive des eaux, tant souterraines que superficielles.

» Toutefois, il ne s'agit ici que d'une perspective encore fort éloignée, et, en attendant, ces oasiens sont destinés à former le noyau essentiel des populations sahariennes soumises à l'autorité de la France. Il est bon de se demander quelle doit être, à leur égard, la conduite de l'administration coloniale, puisqu'on croit à la nécessité de maintenir le drapeau de la France dans toute l'étendue du Sahara algérien. Ici, il ne saurait être question ni de colonisation européenne ni de régime civil. L'Européen ne peut songer à s'établir ni, surtout, à se perpétuer sous ces climats ingrats et malsains. D'autre part, il faut bien l'avouer, le prestige du sabre peut seul dompter les instincts anarchiques et forcer le respect d'une race façonnée par des siècles de violence et d'exactions. Nous avons lu bien des ouvrages sur l'Afrique; nous n'en avons pas vu un seul contester la vérité de cet axiome. Dès lors, briser la suprématie des nomades sur les oasiens, supprimer les grands commandements si libéralement octroyés naguère aux représentants des grandes familles arabes, confier le pouvoir à de simples fonctionnaires indigènes qui ne soient rien par eux-mêmes, enfin porter à la connaissance des masses l'ensemble de leurs droits et de leurs obligations vis-à-vis du gouvernement, telle est la politique qui semble s'imposer d'elle-même aux autorités françaises; telle est aussi, nous sommes heureux de le dire, la politique qui semble avoir définitivement prévalu.... C'est en persévérant dans de pareilles voies qu'on réussira peut-être à s'attacher des populations qui représentent les débris de l'ancienne race autochtone, détestent les nomades, connaissent la propriété individuelle, respectent plus ou moins la liberté de la femme, et répudient, dans une certaine mesure, les exagérations antisociales du Koran.

» Mais il ne faut pas s'y méprendre, le Sahara ne sera jamais qu'un accessoire de la domination française en Afrique. C'est le Tell qui renferme seul la force et l'avenir de la colonie ».

Les importantes et consciencieuses observations qui précèdent doivent se résumer de la façon suivante: le Sahara n'étant et ne pouvant être par la nature même de son sol et par l'impossibilité qui en résulte pour les colons européens de s'y fixer d'une manière définitive, qu'un accessoire de notre occupation, se borner à maintenir sous notre obéissance la portion, déjà plus que suffisamment étendue, sur laquelle nous avons la main, et se bien garder d'essayer inconsidérément d'en reculer encore les limites. Le Grand-Désert ne peut jamais être à nous, non plus qu'à une autre puissance européenne : en rêver la conquête, même progressive et par voie pacifique, c'est se créer à plaisir une chimère vaine, d'autant plus dangereuse qu'elle nous coûterait tout à la fois, et en pure perte, des sommes énormes et de précieuses existences.

Quant au projet qui consiste à rattacher commercialement les productives vallées du Soudan, — que M. Goblet d'Alviella nous semble avoir quelque peu dépréciées de parti pris pour donner plus d'appui à la thèse, d'ailleurs fort juste, qu'il développe, — c'est autre chose : nous croyons fermement que son exécution est réalisable avec de la patience, de l'argent et du temps.

Est-ce à dire que le projet de M. Duponchel soit jamais mené à fin, ou que lui seul mérite l'attention des hommes du métier ? Le gouvernement français, jusqu'à présent, paraît le supposer, puisque, d'une part, il a organisé plusieurs missions successives dans le Sahara à l'effet d'examiner le tracé proposé et que, d'autre part, il a fait commencer les travaux de la voie ferrée dans le haut Sénégal et qu'il en a même, à la date du 19 décembre 1882, ordonné l'inauguration solennelle en présence des indigènes stupéfaits. Mais les derniers mots de cette question ne sont pas encore prononcés.

En effet, un savant géographe, qui fut aussi l'un des promoteurs du Transsaharien, M. Gazeau de Vautibault, a cherché et vient, peut-être, de trouver une voie plus accessible et moins longue pour parvenir au cœur même de l'Afrique équatoriale. Voici le but qu'il se propose d'atteindre.

Sur la côte occidentale du continent africain, à peu près au milieu de sa longueur, un peu au-dessous de l'embouchure du Niger et du vieux Calabar, formant un Delta encombré de sables qui empêchent la navigation, et au-dessus de l'embouchure de l'Ogowé, il y a un large et profond enfoncement dans les terres : c'est le vaste golfe de Biafra. Au fond de ce golfe se trouve une baie bien abritée, celle d'Ambas, couverte par la grande île de Fernando-Po. Dans cette baie se jettent deux rivières, le Cameroon et le Quaquo.

C'est ce point de la côte qui est le plus rapproché du Soudan central, et c'est par là que M. Gazeau de Vautibault projette de créer une station et d'établir un chemin de fer, qui irait jusqu'à la source du Cameroon et jusqu'à celle du Faro, rivière tributaire du Benoué, lequel est lui-même un affluent du Niger.

Ce serait de cette station, éloignée de quatre-vingt-cinq lieues de la mer, servant de tête de ligne, que pourraient partir diverses voies fer-

rées rayonnant dans les directions du Congo,
de Tin-Boktou, de Gabès et Tripoli, de Suez,
et vers la région des grands Lacs.

Ce point, situé entre les sources du Cameroon
et du Faro, est un point stratégique qui commande tout le vaste quadrilatère formé, au
nord, par le Grand-Désert et le lac Tchad ; au
nord-ouest, par le Niger, vers lequel nous
nous acheminons de notre colonie du Sénégal ;
au sud-sud-est, par la mer ; au sud-sud-ouest,
par le Congo, où M. Savorgnan de Brazza a jeté
les jalons de notre puissance future en fondant
les stations de Franceville et de Brazzaville. La
station militaire et coloniale rêvée par M. Cazeau
de Vautibault serait, pour ainsi dire, la clé de
toutes nos possessions, le centre de toutes nos
colonies dans l'Afrique équatoriale. Nous pour
rons de là rayonner dans tous les sens, sur la
Sénégambie, le Foutah, le Congo, et porter
facilement à une frontière menacée les forces
dont nous pourrions disposer.

Cette nouvelle tentative, aussi sérieuse que
les précédentes, mérite assurément qu'on l'exa-
mine, qu'on en pèse scrupuleusement toutes
les chances. Son exécution n'entraînerait jamais,
d'ailleurs, les difficultés à peu près insurmon-
tables au milieu desquelles est venue sombrer
d'une façon si terriblement déplorable la seconde
mission du colonel Flatters.

Répétons-le : le Sahara ne doit être abordé
qu'avec une excessive prudence, que sur le pied

d'une perpétuelle réserve armée. En tirer à notre profit les richesses multiples qu'il détient, cela est bien, cela même est utile, car aucune ressource productive de notre globe ne doit échapper à l'emploi de l'activité humaine ; mais il y a loin de là à se lancer aveuglément dans des aventures sans issue. Conquérir est une folie, commercer nous suffit. Seulement, ne nous laissons point prévenir.

# APPENDICES

---

## APPENDICE Iᵉʳ

**L'Arabe du Désert.**

POÈME D'UN MARABOUT ARABE

« L'Arabe nomade est campé dans une vaste plaine ; autour de lui rien ne trouble le silence, le jour, que le beuglement des chameaux, la nuit, que le cri des chacals et de l'Ange de la mort.

» Sa maison est une pièce d'étoffe tendue avec des os piqués dans le sable. Est-il malade, son remède est le mouvement. Veut-il se régaler et régaler ses hôtes, il va chasser l'autruche et la gazelle. Les herbages que Dieu fait croître dans les champs sont les herbages de ses troupeaux.

» Sous sa tente, il a près de lui son chien, qui l'avertit si le voleur approche; il a sa femme, dont toute la parure est un collier de pièces de monnaies, de grains de corail et de clous de girofle.

» Il n'a pas d'autres parfums que celui du goudron et de la fiente musquée de la gazelle. Et, cependant, ce musulman est heureux; il glorifie son sort et bénit le Créateur.

» Le soleil est le foyer où je me chauffe; le clair de lune est mon flambeau; les herbes de la terre sont mes richesses; le lait de mes chamelles est mon aliment, la laine de mes moutons est mon vêtement.

» Je me couche où me surprend la nuit; ma maison ne peut pas crouler, et je suis à l'abri des caprices du Sultan. Les Sultans ont les caprices des enfants et les griffes du lion : défiez-vous-en.

» Je suis l'oiseau aux traces passagères : il ne porte avec lui nulle provision, il n'ensemencera pas, il ne récolte pas; Dieu pourvoit à sa substance. »

# APPENDICE II

## Éloge du Sahara.

### PAR L'ÉMIR ABD-EL-KADER

« Gloire à Dieu !

» O toi qui prends la défense du *hader* [1] et qui condamnes l'amour du *bedoui* [2] pour ses horizons sans limites, est-ce la légèreté que tu reproches à nos tentes ? N'as-tu d'éloges que pour les maisons de pierre et de boue ?

» Si tu savais les secrets du Désert, tu penserais comme moi ; mais tu ignores, et l'ignorance est la mère du mal.

» Si tu t'étais éveillé au milieu du Sahara, si tes pieds avaient foulé ce tapis de sable parsemé de fleurs semblables à des perles, tu aurais admiré nos plantes, l'étrange variété de leurs teintes, leur grâce, leur parfum délicieux ; tu aurais respiré ce souffle embaumé qui double la vie, car il n'a pas passé sur l'impureté des villes.

1. Habitant des villes.
2. Habitant des lieux sauvages du Sahara.

» Si, sortant d'une nuit splendide rafraîchie par une abondante rosée, du haut d'un *merkeb* [1] tu avais étendu tes regards autour de toi, tu aurais vu au loin et de toutes parts des troupes d'animaux sauvages broutant les broussailles parfumées. A cette heure, tout chagrin eût fui devant toi ; une joie abondante eût rempli ton âme.

» Quel charme dans nos chasses au lever du soleil ! Par nous chaque jour apporte l'effroi à l'animal sauvage. Et, le jour du *rahil* [2], quand nos rouges *haouadedj* [3] sont sanglés sur les chameaux, tu dirais un champ d'anémones s'animant, sous la pluie, de leurs plus riches couleurs.

» Sur nos haouadedj reposent des vierges ; leurs *taka* [4] sont fermées par des yeux de houris.

» Les guides des montures font entendre leurs chants aigus : le timbre de leurs voix trouve la porte de l'âme.

» Nous, rapides comme l'air, sur nos coursiers, — les *chelils* [5] flottent sur leur croupe, — nous poursuivons le *houache* [6], nous atteignons le *ghézal* [7], qui se croit loin de nous ; il n'é-

1. Monticule de sable.
2. Migration.
3. Litières.
4. Fenêtres des litières.
5. Voiles.
6. Bœuf sauvage.
7. Gazelle.

chappe point à nos chevaux entraînés et aux flancs amaigris. Combien de *délim*[1] et de leurs compagnes ont été nos victimes, bien que leur course ne le cède point au vol des autres oiseaux !

» Nous revenons à nos familles, à l'heure où s'arrête le convoi, sur un campement nouveau, pur de toute souillure. La terre exhale le musc ; mais, plus pure que lui, elle a été blanchie par les pluies du soir et du matin. Nous dressons nos tentes par groupes arrondis ; la terre en est couverte, comme le firmament d'étoiles.

» Les anciens ont dit, — ils ne sont plus, mais nos pères nous l'ont répété, — et nous disons comme eux, car le vrai est toujours vrai : Deux choses sont belles en ce monde, les beaux vers et les belles tentes.

» Le soir, nos chameaux se rapprochent de nous. La nuit, la voix du mâle est comme un tonnerre lointain. Vaisseaux légers de la terre, plus sûrs que les vaisseaux, — car le navire est inconstant, — nos méhara le disputent en vitesse au *maha*[2].

» Et nos chevaux ! Est-il une gloire pareille ? Toujours sellés pour le combat, à qui réclame notre secours ils sont la promesse de la victoire. Nos ennemis n'ont point d'asile contre nos coups, car nos coursiers, célébrés par le Prophète, fondent sur eux comme le vautour.

1. Mâle de l'autruche.
2. Biche sauvage blanche.

Nos coursiers, ils sont abreuvés du lait le plus pur ; c'est du lait de chamelle, plus précieux que celui de la vache.

» Le premier de nos soins, c'est de partager nos prises sur l'ennemi. L'équité préside au partage ; chacun a le prix de sa valeur.

» Nous avons vendu notre droit de cité ; nous n'avons point à regretter notre marché. Nous avons gagné l'honneur : le *hader* ne le connaît point.

» Rois nous sommes ; nul ne peut nous être comparé. Est-ce vivre que de subir l'humiliation ?

» Nous ne souffrons point l'affront de l'injuste ; nous le laissons lui et sa terre. Le véritable honneur est dans la vie nomade.

» Si le contact du voisin nous gêne, nous nous éloignons de lui : ni lui ni nous n'avons à nous plaindre.

» Que pourrais-tu reprocher au *bedoui* ? Rien que son amour pour la gloire et sa libéralité, qui ne connaît pas de mesure. Sous la tente, le feu de l'hospitalité luit pour le voyageur ; il y trouve, quel qu'il soit, contre la faim et le froid un remède assuré.

» Les temps ont dit : la salubrité du Sahara ! Toute maladie, toute infirmité n'habite que sous le toit des villes. Au Sahara, celui que le fer n'a point moissonné voit des jours sans limite. Nos vieillards sont les aînés de tous les hommes. »

# APPENDICE III

### Éloge de la Chasse.

POÉME ARABE

« La chasse dégage l'esprit des soucis dont il est embarrassé; elle ajoute à la vigueur de l'intelligence, elle amène la joie, dissipe les chagrins, et frappe d'inutilité l'art des médecins en entretenant une perpétuelle santé dans le corps.

» Elle forme les bons cavaliers, car elle enseigne à monter vite en selle, à mettre promptement pied à terre, à lancer un cheval à travers précipices et rochers, à franchir pierres et buissons au galop, à courir sans s'arrêter quand une partie du harnachement viendrait à se perdre ou à se briser.

» L'homme qui s'adonne à la chasse fait, chaque jour, des progrès dans le courage; il apprend le mépris des accidents.

» Pour se livrer à son plaisir favori, il s'éloigne des gens pervers. Il déroute le mensonge et la calomnie; il échappe à la corruption

du vice ; il s'affranchit de ces funestes influences
qui donnent à nos barbes des teintes grises et
font peser sur nous avant le temps le poids des
années.

» Les jours de la chasse ne comptent point
parmi les jours de la vie. »

---

# APPENDICE IV

## Éloge du Cheval.

### POÈME ARABE

« Mon cheval est le seigneur des chevaux !
Il est bleu comme le pigeon sous l'ombre, et
ses crins noirs sont ondoyants ; il peut sup-
porter la faim, la soif ; il devance le coup d'œil,
et, véritable buveur d'air, il noircit le cœur de
nos ennemis le jour où les fusils se touchent.
*Mebrouk* est l'orgueil du pays.

» Mon oncle a des *juments de race*, dont les
aïeux lointains se comptent depuis les temps
anciens ; modestes et timides comme les filles

du *Guebla* [1], on dirait des gazelles qui paissent dans les vallées, sous les yeux de leurs mères. Les voir, c'est oublier les auteurs de ses jours !

» Couvertes de *djellales* [2] qui font pâlir nos fleurs, elles marchent en Sultanes parées pour leurs plaisirs. Un nègre du Kora les soigne, leur donne l'orge pure, les abreuve de laitage et les conduit au bain. Dieu les préserve du mauvais œil !

» Pour ses juments chéries mon oncle m'a demandé Mebrouk en mariage, et je lui ai dit non ! — Mebrouk, c'est mon appui ; je veux le conserver fier, plein de santé, adroit et léger dans sa course. Le temps tourne sur lui-même et revient sans dispute aujourd'hui ; demain peut-être verrons-nous s'avancer à grands pas l'heure de l'entêtement. — Pour une outre pleine de sang [3], me répondit mon oncle, tu m'as jauni la figure [4] devant tous mes enfants. La terre est vaste, adieu !

» Mebrouk, pourquoi hennir ainsi pendant le jour, pendant la nuit ? Tu dénonces mes embuscades et préviens mes ennemis ; tu penses trop aux filles de nos chevaux. Je te marierai, ô mon fils ! Mais où trouver mes amis,

---

1. Le Sahara, le Sud.

2. Couvertures en laine plus ou moins ornées de dessins.

3. *Le rouge et les couleurs éclatantes sont, chez les Arabes, le partage du bonheur.*

4. Les couleurs sombres, le jaune principalement, sont pour les Arabes des indices de malheur.

dont les juments sont si nobles et les chamelles des trésors? Leurs nouvelles sont enter-
rées. Où sont leurs vastes tentes, qui plai-
saient tant à l'œil? On y trouvait le tapis et
la natte, on y donnait l'hospitalité de Dieu, et
le pauvre y rassasiait son ventre. Elles sont
parties! Les éclaireurs ont vu les mamelons, les
braves ont marché les premiers, les bergers
ont fait suivre leurs troupeaux, et les chasseurs, sur les traces de leurs lévriers si fins,
ont couru la gazelle.

» Avez-vous entendu parler de la tribu de
mes frères? Non; eh bien! venez avec moi
compter ses nombreux chevaux ; il est des couleurs qui vous plairont. Voyez ces chevaux
blancs comme la neige qui tombe en sa saison,
ces chevaux noirs comme l'esclave ravi dans le
Soudan, ces chevaux verts [1] comme le roseau
qui croît au bord des fleuves, ces chevaux rouges comme le sang premier jet d'une blessure,
ces chevaux bleus [2] comme le pigeon quand il
vole dans les cieux. Où sont ces fusils si droits,
plus prompts que le clignement de l'œil, cette
poudre de Tunis et ces balles fabriquées dans
des moules qui traversaient les os, déchiraient
le foie et faisaient mourir la bouche ouverte?....

« ..... Je demande au Tout-Puissant qu'il

---

1. Les Arabes considèrent comme vert le cheval que nous
appelons *louvet*, surtout quand il se rapproche de la couleur
de l'olive un peu mûre.

2. Les Arabes appellent bleu le cheval gris étourneau foncé.

nous donne de l'eau ; nous sommes au printemps, et la pluie a trop tardé pour les peuples à troupeaux. J'ai faim, je suis à jeun comme une lune de Ramadan.

» Ils sont à Askoura, Dieu soit loué ! Qu'on m'amène mon cheval ! Et vous, pliez les tentes ! Je vais trouver mon oncle ; il saura pardonner à l'enfant de son frère, nous nous réconcilierons, et, par la tête du Prophète ! je donnerai une fête où paraîtront les jeunes gens, les étriers qui brillent et les selles richement brodées ; on y fera parler la poudre au son de la flûte et du tambour ; je marierai Mebrouk, et ses fils seront nommés les fils des juments bien soignées.

» O tribus de Sahara, vous prétendez posséder des chameaux ! mais ces chameaux, vous le savez, ne recherchent que ceux qui peuvent les défendre ; et ceux qui peuvent les défendre sont mes frères, parce qu'ils savent dans les combats briser les os des rebelles ! »

# APPENDICE V

## Recommandations pour une Caravane.

M. le général Daumas a transcrit, dans un de ses savants ouvrages sur l'Algérie, les recommandations d'un chef de caravane aux voyageurs qui s'étaient confiés à lui. Nous les reproduisons ici, pour servir de complément à ce que nous avons déjà rapporté sur cette intéressante question dans le corps de notre étude.

« ...... Mes enfants, s'il plaît à Dieu, nous ferons un bon voyage ; mais il sera long et difficile. Quand le danger est autour de nous, que la prudence soit avec nous ! Retenez donc bien ce que je vais vous dire.

Ne marchez jamais les pieds nus : le terrain pierreux les meurtrit, et le sable les brûle ; il se forme alors entre peau et chair des ampoules très douloureuses. Marcher les pieds nus diminue la force, affaiblit la vue et diminue la respiration.

En aucune occasion, ne quittez donc point vos chaussures ; cette précaution, d'ailleurs, est à prendre contre les vipères, qui dorment dans le sable et dont les morsures sont toujours mortelles. Ne vous découvrez jamais la tête pendant l'automne et le printemps surtout ; redoutez les coups de soleil.

L'été, si le ciel est clair, tournez le dos à la pleine lune en vous couchant, couvrez-vous bien la figure pour éviter les coups de lune ; les maux de tête et les rhumes les suivent.

Ne dormez jamais sur le sable nu, vous vous lèveriez avec la fièvre.

Ne buvez jamais à la bouche de vos outres, c'est boire à la bouche de la vipère. Ne buvez jamais d'eau que la marche a battue et que le soleil a chauffée dans les outres avant de lui avoir fait prendre l'air un instant.

Après avoir mangé de la viande, ne buvez jamais d'eau sans attendre un moment ; vous boiriez peut-être la mort.

Ne buvez jamais le matin avant d'avoir mangé, vous auriez soif toute la journée. Ne buvez jamais avant de vous être un peu reposé. Ne buvez jamais que deux fois par jour.

Les anciens ont dit : « Ne jetez jamais l'eau avant d'avoir trouvé de l'eau. »

S'il arrive que le vent d'ouest dessèche nos peaux de bouc et les tarisse, gardez-vous de manger des dattes ; sucez le suc d'un oignon et avalez trois ou quatre gorgées de beurre fondu : ces précautions ne désaltèrent pas complètement, mais elles trompent la soif et donnent le temps d'attendre.

On peut rendre encore pour un moment la fraîcheur à sa bouche en y tenant une balle de plomb. D'ailleurs, il est connu qu'un homme ne meurt pas de soif avant trois jours entiers ; et dussions-nous tuer quelques-uns de nos chameaux pour nous désaltérer avec l'eau que Dieu met en réserve dans leur estomac, nous n'en manquerons point pendant un si long temps.

Ne mangez jamais de kouskoussou froid ; il est d'une digestion difficile et pénible.

Il arrivera, sans doute, que nous serons obligés d'abattre un chameau ruiné par la fatigue, ou blessé, incapable enfin de continuer la route, dont la chair fraîche sera pour nous d'un appât très vif après nos abstinences forcées. Mais, de quelque tentation que vous soyez pris en face d'un bon repas, sachez faire taire votre appétit ; un excès subit après un jeûne, un excès de viande surtout, donne infailliblement la dyssenterie, sinon la mort.

Enfin, mes enfants, ne courez point la chasse hors de vue de la caravane, ne restez point en arrière, ne vous exposez point imprudemment. Celui qui met la tête dans le son sera becqueté par les poules.

Jusqu'au pays des Touâregs, nous n'avons pas grand'chose à craindre ; mais là, nous aurons d'autres précautions à prendre, et je vous les indiquerai.

Allez, et que Dieu allonge votre existence ! »

———

# TABLE DES MATIÈRES


|  |  | Pages |
|---|---|---|
| I. | De la Méditerranée au Sahara | 5 |
| II. | A travers le Sahara algérien | 14 |
| III. | Les Arabes du Sahara | 28 |
| IV. | Touristes et Voyageurs dans le Sahara algérien | 39 |
| V. | Le Grand-Désert. — Géographie du Sahara | 48 |
| VI. | Géologie du Sahara | 59 |
| VII. | Règne végétal et Règne animal | 69 |
| VIII. | Population du Sahara | 84 |
| IX. | La traite des Esclaves | 100 |
| X. | Le Commerce du Sahara | 108 |
| XI. | Les Missions scientifiques | 114 |
| XII. | Les Zaouïas africaines et les Confréries religieuses du Désert | 132 |
| XIII. | Caravanes et Voyageurs | 147 |
| XIV. | L'avenir du Sahara | 158 |


## APPENDICES :


| I. | L'Arabe du Désert (poème d'un marabout arabe) | 175 |
|---|---|---|
| II. | Eloge du Sahara (par l'émir Abd-el-Kader) | 177 |
| III. | Eloge de la Chasse (poème arabe) | 180 |
| IV. | Eloge du Cheval (poème arabe) | 182 |
| V. | Recommandations pour une Caravane | 186 |



PARIS. — IMP. CHAIX, SUCC. DE SAINT-OUEN, 86, RUE DES ROSIERS — 980-3.

# BIBLIOTHÈQUE DE VULGARISATION

**Chaque ouvrage est complet en 1 v. gr. in-16 de 320 à 360 pag.**

Broché : 2 fr. 50 ; cartonné à l'anglaise : 3 fr.

*Avec titre et tranches dorées, 3 fr. 50.*

## ONT PARU :

**AD. DE FONTPERTUIS**

1° **Chine, Japon, Siam et Cambodge**, avec gravures dans le texte.

**G. BUREAU**
Ingénieur civil, Inspecteur de la Compagnie des chemins de fer de l'Ouest

2° **La Vapeur,** *ses principales applications.* — **Voies ferrées, — Navigation,** avec 48 gravures dans le texte.

**ALEXIS CLERC**

3° **Voyage au Pays du Pétrole.**

**ÉDOUARD CAT**
Professeur agrégé d'histoire et de géographie

4° **Les Grandes Découvertes maritimes du XIII° au XVI° siècle,** avec gravures dans le texte.

**J.-E. ALAUX**
Docteur ès lettres, agrégé de philosophie

5° **Histoire de la Philosophie.**

**PAUL GAFFAREL**
Doyen de la Faculté des Lettres de Dijon

6° **Les Explorations françaises de 1870 à 1881,** avec gravures dans le texte et six cartes géographiques.

*(A obtenu le prix Jomard)*

**JEAN LAROCQUE**

7° **L'Angleterre et le Peuple anglais,** avec une carte d'Angleterre.

**ADRIEN DESPREZ**

8° **La Politique féminine,** de Marie de Médicis à Marie-Antoinette. — 1610-1792.

**MAURICE PÉLISSON**
Agrégé des Lettres

9° **Les Romains au temps de Pline le Jeune. —** Leur vie privée.

**A. DE FONTPERTUIS**

10° **Les États latins de l'Amérique.**

**HUGONNET**

11° **La Grèce nouvelle.**
*L'Hellénisme,* son évolution et son avenir.

**Dr CAMILLE GROLLET**

12° **L'Électricité, —** *ses principales applications,* **—** avec nombreuses gravures.

**Mᵐᵉ RATAZZI**

13° **Le Portugal à vol d'oiseau.**

**RAOUL POSTEL**

14° **L'Extrême Orient.**
*Cochinchine, Annam, Tonkin,* — avec gravures dans le texte.

**ADRIEN DESPREZ**

5° **Richelieu et Mazarin. Leurs** deux politiques, — avec gravures.

**GIRARD DE RIALLE**

16° **Nos Ancêtres,** avec nombreuses gravures préhistoriques.

**C.-A. PIZARD**

17° **L'Administration française avant 1789,** avec deux cartes.